令和の日本型学校教育対応
ディスカッションで学ぶ英語科教育法

DISCUSSION

令和の日本型学校教育対応

ディスカッションで学ぶ英語科教育法

前田 昌寛 ●著

開拓社

本書は金沢星稜大学「研究成果出版助成」を受けたものです。

はしがき

　人工知能（AI）が多くの職業にとって代わるといわれる新時代において，求められる英語教師像はどのようなものであろうか。石川（2023, pp.3-6）は，次に挙げるどちらの教師がこれからの AI 時代に必要かを問うている。
　教師 A は，お手製の教材づくりに熱心で，集中力が続きづらい生徒にはマメに声をかけて黒板に目を向けさせる。知識の習熟度合いを問うテストでは，クラス全員に点数を取らせるという使命感に燃えている。一方で，教師 B は，まず動画を観させてから知識面を大まかに確認する。その後，授業の大半を費やして，クラスみんなで討論する。テストの目的はより個性豊かな思考力を伸ばすための課題を明確化するためのものと捉えている。
　教師 A と教師 B のどちらが新時代に必要かという点については，読者に答えをゆだねたい。しかしながら，教育には必ず不変的な真理である「不易」な部分と，時代の要請に柔軟に応じる「流行」の部分とがあり，タイプの異なる上述の教師 A と教師 B の両方から学ぶものがあるはずである。本書が目指したところは，英語教育の核となる不易の部分と新時代の流行に合わせた改革の部分を融合させたことにある。不易な部分の代表は，英語科教育は「人格の完成」を目指す一環として行われ，単に英語をツールとして使うだけではなく，よりよい明日を作るための地球市民として，英語学習を通して異なる言語や文化に触れ，自己の考え方，価値観や固定概念が揺さぶられ，多様なものの見方を身に付けることである。そして，改革の部分は多い。一方的に流れる朗読音声を聞いて問題に答えるだけのテスト形式になりがちのリスニング，答えが書かれているところを探し当てればコピー & ペーストで済んでしまうような Q&A に答えるだけのリーディング，英文を先に書き上げてそれを読み上げるだけのスピーキング，「今日の授業で習った文法を使って次の日本語を英語にしなさい」といった読む相手も書く理由も文脈も意識しないライティング等々である。

筆者は，声を出さない英語の授業は体を動かさない体育の授業と同じと考えているが，声を出している授業が必ずしもコミュニケーション能力を育成しているとは限らない。教師は，学習者が何となく英語を声に出していると，内容まで理解できているかのような錯覚に陥ることもある。実践的コミュニケーション能力の育成というように，「実践的」の文言が学習指導要領に登場したのはかなり前のことだが，実際に言語が使用される実践的な場面や相手が意識されているかについても現状は十分とはいえない。さらに，入試も関連してくる。英文の「読解」ではなく，「解読」しなければいけないような複雑怪奇なテスティングにも改革が必要である。本書は，不易の部分を大切にしながら，改革すべき点に鋭くメスを入れたつもりである。

　不易と改革という視点と同時に，本書は「理論」と「実践」の融合を意図している。不易と改革，そして理論と実践の間をつないでいるのは，筆者の現場における豊富な経験である。理論に裏付けされた科学的な英語授業がしたいという思いと，熱い情熱に動かされた教育的な英語授業がしたいという思いの両方を可能にさせるのが本書である。本書は，英語科教育法のマニュアルとしての指南書であり，著者の現場での豊富な経験を生かした秘伝書でもある。人生に正解も不正解もないように，コミュニケーションには「理想」や「定型」はあっても，正解を決めることは難しいものである。はじめから正解があって，その「答え合わせ」に終始するような授業ではなく，正解のない問いに対し，みんなが協働して考えていく授業づくりを念頭に置いて書いたつもりである。

　英語科教育法は，教育学や言語学を基盤とした専門的領域ではあっても，英語を教える者だけのためのものではない。英語を教えるということは，言語習得のメカニズム，特にどのように学習することが効果的であるのかということや，英語使用の際にどのような知識や留意が必要なのかも知っていないとできないことである。したがって，学習者の立場から読んで利になることも視野に入れて本書は書かれている。また，英語科教育法の知識も学びながら，同時に英語教師として必要な英語力も育てたいと考えている。英語学習者でもある本書読者にとっては，日本語の専門用語とともに，英語訳を附記したほうが理解を促進する場合も多いと思われる。例えば，「受容的態度」

という堅苦しい日本語よりも，open-mindedness という訳語のほうが頭にすっと入ってくるであろう。このように必要に応じて，積極的に英語訳を付けている。本書では，児童・生徒のことを「学習者」という表現で記している箇所が多数ある。本書は中等教育（中・高等学校）における英語教育を中心に書かれてはいるが，初等教育（小学校）や高等教育（大学）にも通じる話であり，広義の意味を込めて学習者という表現を用いることを基本としている。

　本書は，① Discussion Points, ② Keywords, ③本編, ④振り返りの問題, ⑤ Discussion Points に対する討議例（偶数番号のみ）で各章が構成されている。また巻末には，ミニ模擬授業のトピック，コメントシート様式，教室英語集，学習指導案例，入門期（小学校）の楽しい活動が用意されている。本書のタイトルにあるとおり，Discussion Points に基づいてディスカッションをしてから内容を読み，そして Discussion Points に対する討議例を読んで理解を深めていってもらいたい。現代はソーシャルメディア（SNS）を活用して，同じ興味関心をもつ多くの人と交流ができる時代である。それこそディスカッションする相手は，世界中にたくさん存在するのである。Discussion Points について多くの人と意見交換をしていただきたいと思う。また，本編（理論）と巻末のミニ模擬授業のトピック（実践）の両者は車の両輪である。是非とも理論から実践へつなげていってもらいたい。本書を読んだ多くの方が，英語学習と英語教授について深く考え，科学的理論を習得し，学習や教授の実践に生かされることを望んでいる。

　最後になりましたが，写真の掲載を快諾してくださった福岡市役所，「英語カルタ」の掲載を快諾してくださった横浜国立大学名誉教授の大場昌也先生，本書の刊行にあたり誠心誠意ご尽力してくださった開拓社の皆様，特に出版部の川田賢氏にはたくさんお世話になり心から御礼申し上げます。また，本書の出版にあたり，金沢星稜大学から「研究成果出版助成」を受けています。研究を心強く支えていただいていることに，この場を借りて心より感謝申し上げます。

2025 年 3 月

前田　昌寛

目　次

はしがき …………………………………………………………………… v

第1章　リンガ・フランカとしての英語と日本人の英語 ……… 1
1. 世界の英語話者人口 ………………………………………………… 1
2. Kachru の諸英語モデル …………………………………………… 2
3. 国際共通語としての英語 …………………………………………… 4
4. 言語の多様性 ………………………………………………………… 6
5. 日本における英語の地位と役割 …………………………………… 11
6. 日本の英語教育が目指すところ …………………………………… 14

第2章　学習指導要領と日本の英語教育 ……………………… 17
1. 学習指導要領とは …………………………………………………… 17
2. 学習指導要領の変遷 ………………………………………………… 19
3. 日本の英語教育の目的と目標 ……………………………………… 34

第3章　英語教授法 …………………………………………… 38
1. 英語教授法とは ……………………………………………………… 38
2. 代表的な英語教授法 ………………………………………………… 39

第4章　第二言語習得論 ……………………………………… 46
1. 言語の本質 …………………………………………………………… 47
2. PCPP メソッドとは ………………………………………………… 52
3. PCPP 教授法の具体的な手順 ……………………………………… 54

第5章　英語学習者 ………………………………………… 60
1. 英語学習に成功する学習者としない学習者 ……………… 60
2. 学習者不安 ……………………………………………… 65
3. 中間言語と化石化 ……………………………………… 66
4. ペアやグループ活動 …………………………………… 67
5. あいまい耐性 …………………………………………… 68
6. メタ認知能力とストラテジー ………………………… 69
7. 外国語学習と記憶・処理能力 ………………………… 70
8. 学習者が到達するべき英語力 ………………………… 72

第6章　英語科教員 ………………………………………… 75
1. 英語科教員に必要なこと ……………………………… 76
2. コミュニケーションの授業における教員の役割 …… 81
3. 指導を聞き入れない学習者への指導 ………………… 82
4. ベテランと新人の英語教師の差 ……………………… 83
5. 授業の準備・学習指導案 ……………………………… 85
6. 教員の研修 ……………………………………………… 90

第7章　コミュニケーション能力の育成 ……………… 93
1. コミュニケーションとは ……………………………… 93
2. コミュニケーション能力とは ………………………… 96
3. BICS と CALP ………………………………………… 100
4. コミュニケーションにおける量と質 ………………… 101
5. コミュニケーション能力を重視した言語活動 ……… 102

第8章　4技能の指導①　リスニング ………………… 112
1. リスニングとは ………………………………………… 112
2. 授業におけるリスニング指導の場面 ………………… 113
3. リスニング指導の内容 ………………………………… 116
4. ディクトグロス ………………………………………… 118

第9章　4技能の指導②　リーディング ･････････････････････ 119
1. リーディングとは ････････････････････････････････････ 119
2. 授業におけるリーディング指導の場面 ･････････････････ 121
3. リーディングにおける新出語彙の導入 ･････････････････ 122
4. 読解発問 ･･ 123
5. 具体的な英語での内容理解の方法と問題点 ･････････････ 126
6. 音読について ･･････････････････････････････････････ 128

第10章　4技能の指導③　スピーキング ･････････････････ 132
1. スピーキングとは ･･････････････････････････････････ 132
2. 授業におけるスピーキング指導の場面 ･････････････････ 133
3. スピーキング指導の留意点 ･････････････････････････ 135
4. リハーサルの重要性 ････････････････････････････････ 137
5. 修正的リキャスト ･･････････････････････････････････ 138
6. 流暢さと正確さ ････････････････････････････････････ 140
7. 話すことの文化的留意点 ････････････････････････････ 143
8. スピーキングの評価について ･･･････････････････････ 143

第11章　4技能の指導④　ライティング ･････････････････ 146
1. ライティングの特徴 ････････････････････････････････ 146
2. 授業におけるライティング指導の場面 ･････････････････ 147
3. Gradual writing から始めて「まとまりのある英文」を書く ･･････････ 148
4. ライティングにおける誤り訂正 ･･･････････････････････ 150
5. ライティングにおけるプラトー現象 ･･･････････････････ 150
6. ルーブリックによる指導と評価 ･･･････････････････････ 151

第12章　測定と評価 ･････････････････････････････････････ 154
1. 測定と評価の場面 ･･････････････････････････････････ 154
2. よいテストを作るための条件とは ･････････････････････ 155
3. 定期実施の紙面試験だけに頼らない評価 ･･･････････････ 157
4. 総合的問題の出題形式に関する是非 ･･･････････････････ 158
5. テスト問題作成の実際 ･･････････････････････････････ 159

第 13 章　教科書と教材研究・ICT やデジタル教科書の活用 … 166

1. 教科書と補助教材 …………………………………………… 166
2. 教科書が果たす役割 ………………………………………… 168
3. 教材研究 ……………………………………………………… 168
4. 補助教材の活用 ……………………………………………… 169
5. 情報の伝達としての ICT 活用 ……………………………… 170
6. 生成 AI の活用 ……………………………………………… 172
7. デジタル教科書の活用 ……………………………………… 172
8. 主役は人間 …………………………………………………… 173

第 14 章　語彙・語法・文法 ………………………………………… 174

1. 語彙指導 ……………………………………………………… 175
2. 語彙の広さと深さ …………………………………………… 176
3. 文法の知識 …………………………………………………… 178
4. 文法指導の目的と課題 ……………………………………… 179
5. 文法指導の理論と方法 ……………………………………… 180

第 15 章　令和の日本型学校教育における授業の運営 ………… 182

1. 英語教室はどのような場か？ ……………………………… 182
2. 時間の管理について ………………………………………… 185
3. 生徒が活躍する授業 ………………………………………… 186
4. 令和の時代に求められる教室・授業 ……………………… 187

場面別ミニ模擬授業①・導入 ………………………………………… 191
場面別ミニ模擬授業②・音読活動 …………………………………… 193
場面別ミニ模擬授業③・コミュニケーション活動 ………………… 195

付録①：模擬授業コメントシート …………………………………… 198
付録②：PCPP 場面別教室英語 ……………………………………… 199
付録③：学習指導案（例） …………………………………………… 202

付録④：入門期（小学校）における楽しい帯活動 …………………… 209
付録⑤：英語教師の褒め言葉集 ……………………………………… 237

さいごに ………………………………………………………………… 240

参考文献 ………………………………………………………………… 243

索　　引 ………………………………………………………………… 251

第1章　リンガ・フランカとしての英語と日本人の英語

　本章では，ボーダレスな今日の世界における英語の広まりについて理解し，我が国における英語の地位や役割を確認していきます。それらを通して，我が国の英語教育が向かっていくべきところを確認し，英語教師としてどのような姿勢をもって英語を教えるべきかを考えましょう。

> ▶ **Discussion Points**
> No.1　世界の人口はどのくらいで，そのうち英語話者はどれくらいだろうか。また，世界にはどのくらいの言語が存在しているであろうか。
> No.2　英語がネイティブ・スピーカーだけのものではなく，英語が国際化する中で，どのような態度をもって教師は英語を教えるべきであろうか。

▶ **Keywords**：英語話者の分類／World Englishes／リンガ・フランカ／ティーチャー・トーク／ヨーロッパ言語共通参照枠（CEFR）／言語間の距離／政治的妥当性やポライトネス／英語化と土着化

1.　世界の英語話者人口

　世界の人口は，国連の世界人口推計（年央推計）によれば，2022年に初めて80億人を上回り，2058年頃には100億人を突破すると考えられている。では80億人を超える世界人口において，世界の英語話者人口はどれく

らいであろうか。英語を公用語（official language）又は準公用語（quasi-official language）等とする国は54か国であり，約21億人が英語を話すといわれている（文部科学省，2018a）。つまり，世界の人口の約4分の1は英語話者ということになる。古典的に，英語話者は表1.1のように，①母語（mother tongue）としての英語（English as a Native Language: ENL），②第二言語としての英語（English as a Second Language: ESL），③外国語としての英語（English as a Foreign Language: EFL）に分けられる。

表1.1　英語話者の分類モデル

・ENL＝母語とする英語
　（例）アメリカ，イギリス，カナダ，オーストラリアなど
・ESL＝歴史的・政治的な背景があり，公用語と同様に使用される英語
　（例）シンガポール，インド，フィリピン，ナイジェリア，サモアなど
・EFL＝主に学校などの教育機関で外国語として学ぶ英語
　（例）日本，中国，韓国，フランス，ロシアなど

2.　Kachruの諸英語モデル

　世界で使用される英語の状況について，インドの研究者であるKachru（1982）の英語同心円モデル（Three Circles model of World Englishes）が有名である。図1.1のように，Kachruは内円（Inner Circle），外円（Outer Circle），拡大円（Expanding Circle）の三つの円に分類して英語の使用状況を説明した。

図 1.1. Kachru の同心円英語モデル

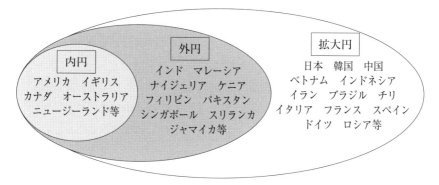

　内円は，英語が母語（ENL）として使われている社会である。外円は，英語が第二言語（ESL）として使われている社会であり，英語圏の国の植民地となった過去がある場合もある。拡大円は，外国語としての英語（EFL）を学ぶ社会であり，まさしくこれらの国々の話者が国際語としての英語（English as an International Language: EIL）を担っているといえよう。英語話者の総数は 2015 年時点で約 17.5 億人とされ，その内訳が英語母語話者（Native Speaker of English: NSE）が約 3.8 億人，ESL と EFL を合わせた英語非母語話者（Non-Native Speaker of English: NNSE）が約 13.7 億人ということを踏まえると，まさしく Kachru の同心円英語モデルが外へ外へと大きく広がっているように，英語母語話者以外の数が大きな影響を与えていることがわかる。

　ボーダレスな世界が進み，Kachru が提唱するような「国」や「地域」という概念で分けられない状況も生まれていたり，そもそも ENL が円の中心という ENL 優先のモデルであったりすることに対して批判もある（Jenkins, 2003）が，この Kachru の同心円英語モデルは，英語が世界中に広まりをみせていることを的確に示しているといえよう。

　東（2009, p.70）は，日本人英語教師に対して次の二つの質問をした調査について述べている。

　① Are you a speaker of English?

② Do you speak English?

興味深いことに，大半の日本人英語教師が①の質問に対し No と答え，②の質問には Yes と答えたそうである。二つの質問は実質的に同じであるが，自身が英語を話すことができたとしても，「英語話者」というのは Kachru の同心円英語モデルでいう内円にいる話者をイメージしているのではないかと東は指摘している。英語は内円にいる人々のものだけではなく，拡大円にいる我々もまた英語話者であるという認識をもつ必要があるであろう。

3. 国際共通語としての英語

3.1. リンガ・フランカ

「世界の諸英語」という意味で World Englishes や Global Englishes (Kachru, 1997) という言葉があるとおり，英語が単に英語母語話者のものだけでなく，多様な位置付けで，世界中の様々な人々に用いられている。国際共通語としての英語の役割を鑑み，国際語としての英語をリンガ・フランカとよぶことも多くなってきた。リンガ・フランカとは「母語が異なる人々の中で共通語として使われる言語」のことであり，日本人と韓国人が英語を使ってコミュニケーションするなど，必ずしもその言語の母語話者が含まれない状況で用いられることもある。そして英語がリンガ・フランカとして用いられる状況 (English as a Lingua Franca: ELF) では，たとえ英語母語話者であっても，非英語母語話者である対話の参加者にもわかりやすい (intelligible) ように，発音や語句，表現などを工夫して話すことが期待される。

3.2. フォリナー・トーク

母語話者が，非母語話者に対し，母語を簡略化してわかりやすく話すことをフォリナー・トーク (foreigner talk) といい，リンガ・フランカとしての英語使用では大切な考え方である。Lightbown and Spada (2013) によれば，このフォリナー・トークの派生をティーチャー・トーク (teacher talk) と解釈することができる。ティーチャー・トークとは，教室で教師が学習者に話

すときの言葉遣いである。日本人英語教師は，英語を習得する大変さがよくわかっているはずである。したがって，学習者の気持ちに寄り添い，特に初級の学習者に対しては，難解な語彙使用を避けたり，指示を明確かつ繰り返したりして理解可能な英語使用が求められる。つまり，英語教師にとって必要な英語力の一つは，難解な内容であっても易しい英語で発信できる能力，英語で簡潔かつ明確な指示ができる能力，学習者の熟達度（proficiency）に応じて異なるレベルの英語を使い分ける能力である。例えば，「彼女は5年連続で受賞した。」という内容を英語で表現する際，She received the award for five consecutive years. や She received the award for five years in a row. と表現できるところ，学習者の熟達度によっては，consecutive や in a row という表現は難解な場合もある。そこで，She received the award for five years every year. などと易しく言える能力である。中学校で教える際は小学校英語の，高等学校で教える際は中学校英語の教科書，特に教科書巻末の語彙リストを参照し，使いたい語句表現は既習なのか未習なのか，目の前の学習者の熟達度に適合しているのかを確認することが大切である。また，教室英語（classroom English）も自然に使えるよう練習することが大切である。教室英語のよくある誤りに，「終わりましたか？」と学習者に話しかけるとき，*Did you finish? と声をかけがちだが，正しくは Are you finished? とするか，Did you finish writing? のように，finish の目的語を明示する必要がある。また，相手に聞こえるように大きな声を出させる指示は Louder voice, please. であって Big voice!（大声で）より自然である。

3.3. 容認発音

学習者は，発音に関してネイティブ・スピーカーと同レベルの発音に憧れをもつかもしれない。しかしながら，多様な英語の発音が世界に存在することも紹介し，学習者に対してコミュニケーションに支障がない範囲の発音を許容することも重要である。一般的なアメリカ標準英語（General American: GA）やイギリス標準英語である容認発音（Received Pronunciation: RP）には届かなくても，個々の単語の発音，イントネーション（intonation）や強勢（stress）に留意させて，いわゆるカタカナ発音に陥らない指導をするべ

きである。いずれにしても，英語教師として，国際語としての英語を扱っているという意識が発音指導では重要である。

4. 言語の多様性

4.1. 世界の言語

　世界には六千から七千もの言語が存在するといわれている（町田，2008）。言語学的に考えると，全ての言語は本質的に平等であり，優劣は存在しない。母語話者数でみると，中国語で約13億人，スペイン語で約4億2千万人となっていることから，母語話者数では英語（約3億7千万人）が決して多いわけではない。しかし，Kachruの英語同心円モデルでみたように，その広まりとビジネスや科学技術，インターネットにおける発信等の影響力が大きいのは圧倒的に英語である。

4.2. 英語帝国主義

　地理，経済，コミュニケーション，知識・メディア，外交の五つの観点から言語の影響力を測った言語影響力指数（Power Language Index）がある（Chan, 2016）。英語は最も影響力のある言語とされており（1点満点で0.889点），2位の中国語（同0.411点）に2倍以上の開きをみせている。英語の母語話者は，英語を勉強しなくても英語を使用でき，地理，経済，コミュニケーション，知識・メディア，外交などの分野で恩恵を受ける。その一方で，英語の非母語話者は，経済的・時間的コストを消費して英語を勉強しなければいけない。母語として英語を使用できる場合のみが，経済や政治的に有利となってしまうことも考えられるのである。国際社会において多くの分野で英語支配が起きているという概念を英語帝国主義（English imperialism）という。

4.3. エスペラント語

　母語の異なる人々の間で公平な意思伝達を目的として，1887年，ロシア語を話すユダヤ人家庭で生まれ育ったラザーロ・ルドヴィーコ・ザメンホフ

によって，国際人工補助語としてエスペラント語（Esperanto）が考案された。エスペラント語は，だれのものでもない言語として，人工的かつ計画的に作られた言語である。インド-ヨーロッパ語族の言語に基づいており，28文字のアルファベットを組み合わせている。表1.2にエスペラント語の例があるが，Bonan matenon（Good morning）と Bonan vesperon（Good evening）の例からわかるとおり，Bonan が Good の意味として共通で使用されている。これは一例だが，英語と同じ又は似た構造であることや，「ごめんなさい」の意味である Pardonon は，英語の Pardon と類似していること，そもそも漢字ではなくアルファベットを使用している段階で，アルファベット文化である西欧諸国にとって有利であることは否めない。しかしながら，Google, Wikipedia, Facebook などのソーシャルメディアもエスペラント語に対応しており，現在100万人程度の使用話者が存在するといわれている。

表1.2．エスペラント語の例

エスペラント語 （カタカナによる発音表記）	日本語	英語
Saluton（サルートン）	こんにちは	Hello
Bonan matenon（ボーナン・マテーノン）	おはようございます	Good morning
Bonan vesperon（ボーナン・ヴェスペーロン）	こんばんは	Good evening
Pardonon（パルドーノン）	ごめんなさい	Sorry
sumoo（スモーオ）	相撲	sumo wrestling

4.4．多言語・複言語主義

　欧州評議会（Council of Europe）が推進している言語教育政策の背景にある理念で，社会で複数の言語が並存していることを多言語主義（multilingualism）という。また，個人の内部で複数の言語が共存していることを複言語主義（plurilingualism）という。具体的には，国際会議などで，英語だ

けではなく複数の言語を使用言語とすることを推奨している。やり取りの相手や状況に応じて，自分にできる限りで各言語・方言を駆使してコミュニケーションを図ることをねらっている。これらの考え方は，ヨーロッパの言語的多様性が基盤にあるのだが，ただ単に複数の言語を学ぶことは便利になることだけでなく，民主的社会の構築にもつながると考えられている（西山，2010）。

4.5. ヨーロッパ言語共通参照枠（CEFR）

　複言語主義からみた英語学習・英語教育の中で，ヨーロッパ言語共通参照枠（Common European Framework of Reference for Languages: CEFR）という欧州評議会が策定した言語共通の到達度指標（1995 初版，2001 改訂版）が日本でもよく用いられるようになってきた。言語使用者自身が当該言語を用いた社会生活上の様々な課題の達成状況を通じて運用能力を把握するためのもので，特定の言語に依存しない段階別指標によって能力を示すのが特徴である。

　表 1.3 に示すように，基礎段階が A で，熟達するにつれて C へと進み，各レベル内で 1 と 2 のレベル分けとなっている。A から C に向かって，かつ各レベルの中で 1 から 2 に向かって熟達度が上がることに留意したい。

表 1.3. CEFR のレベル分け

基礎段階の言語使用者	A1 (Breakthrough)
	A2 (Waystage)
自立した言語使用者	B1 (Threshold)
	B2 (Vantage)
熟達した言語使用者	C1 (Effective Operational Proficiency)
	C2 (Mastery)

図1.2. CEFRに基づく各検定対照表

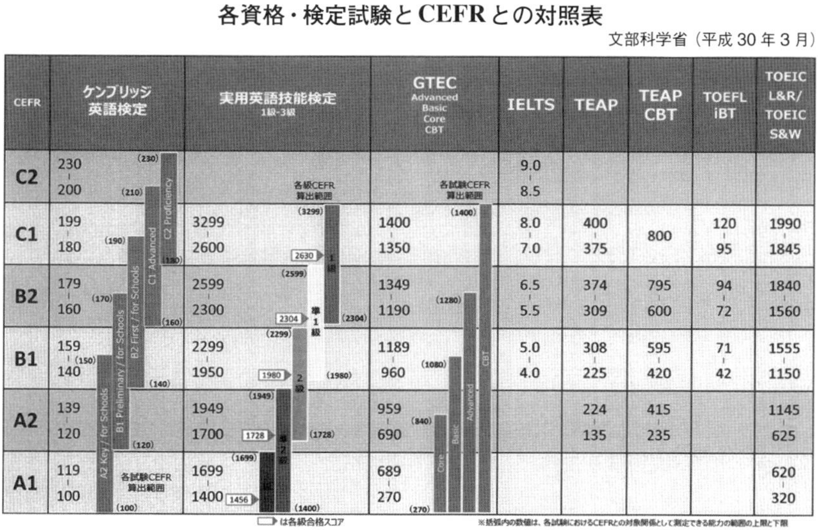

各資格・検定試験とCEFRとの対照表

文部科学省（平成30年3月）

CEFR	ケンブリッジ英語検定	実用英語技能検定 1級-3級	GTEC Advanced Basic Core CBT	IELTS	TEAP	TEAP CBT	TOEFL iBT	TOEIC L&R/ TOEIC S&W
C2	230〜200 (230)(210)			9.0〜8.5				
C1	199〜180 (190)	3299〜2600 (3299)(2630)	1400 (1400)	8.0〜7.0	400〜375	800	120〜95	1990〜1845
B2	179〜160 (170)	2599〜2300 (2599)(2304)	1349〜1190 (1280)	6.5〜5.5	374〜309	795〜600	94〜72	1840〜1560
B1	159〜140 (150)(140)	2299〜1950 (2299)(1980)	1189〜960 (1080)	5.0〜4.0	308〜225	595〜420	71〜42	1555〜1150
A2	139〜120 (120)	1949〜1700 (1949)(1728)	959〜690 (840)		224〜135	415〜235		1145〜625
A1	119〜100 (100)	1699〜1400 (1699)(1456)(1400)	689〜270 (270)					620〜320

（出典：文部科学省（2018b）.『各資格・検定試験とCEFRとの対照表』）

例えば日本放送協会（NHK）英語講座のレベル分けでは，A1：中学生の基礎英語レベル1，A1〜A2：中学生の基礎英語レベル2，A2〜B1：中高生の基礎英語 in English，A2：英会話タイムトライアル，B1：ラジオ英会話，B2〜C1：ラジオビジネス英語となっている。また，図1.2にあるように，文部科学省（Ministry of Education, Culture, Sports, Science and Technology: MEXT）は，このCEFRの考え方に基づいて，各資格検定の対照表を公表している。

4.6. CAN-DOリスト

日本でもこのCEFRの考え方を積極的に取り入れており，文部科学省（2013）は，『各中・高等学校の外国語教育における「CAN-DOリスト」の形での学習到達目標設定のための手引き』を公表している。

表 1.4. CAN-DO 能力記述文の例

A1:	日常生活での基本的な表現を理解し，ごく簡単なやりとりができる
A2:	日常生活での身近なことがらについて，簡単なやりとりができる
B1:	社会生活での身近な話題について理解し，自分の意思とその理由を簡単に説明できる
B2:	社会生活での幅広い話題について自然に会話ができ，明確かつ詳細に自分の意見を表現できる
C1:	広範で複雑な話題を理解して，目的に合った適切な言葉を使い，論理的な主張や議論を組み立てることができる

　CAN-DO 能力記述文（Can do statements）とは，何ができるのかを具体的に記述したもので，「〜することができる」という文言になっている。地方自治体によっては教育委員会が中心となって，各学校の実態に合わせた CAN-DO リストという形の学習到達目標作成が推進されている。表 1.4 にあるように，コミュニカティブな行動を基礎として，学習者中心の言語学習観に基づき，学校として「つけさせたい英語力」を説明するものである。

　大切な点は，CAN-DO 能力記述文の文言を作成することは簡単であっても，作成した学校の学習者の実情に合っているかどうかが問われる（前田，2011）ことである。目の前の学習者にとって，低すぎずかつ高すぎないハードルを設定することは，その学校ごとに，日頃から学習者と接している英語教師にしかできないものであり，教科書会社などの外部が作成した CAN-DO 資料をそのまま汎用することは難しいであろう。CAN-DO 能力記述文の文言を作成するに当たっては，早期の段階から高度な水準を求めることがないよう配慮し，学習者のモチベーションを維持・向上させることが大切である。

4.7. ポートフォリオ

　CEFR に基づく CAN-DO 記述文を指導に取り入れる際，「できるようになった」ことをどのように記録し，ステップアップをどう設定するかが重要である。自分の学習履歴や取得した英語検定試験，異文化・言語使用の経験の証拠などをまとめていくためのツールとしてポートフォリオ（portfolio）

が活用できる。ポートフォリオは単なる記録ファイルではない。学習者の学習資料を「目的」をもって「収集」し，自己内省（reflection）する機会があるもの（Danielson & Abrutyn, 1997）であり，自分の認知活動を客観的に捉えるメタ認知能力（metacognitive ability）を高めるものといわれている（Smolen et al., 1995）。

5. 日本における英語の地位と役割

5.1. 日本人の英語力

　日本人の英語力を客観的に評価できるものとして，TOEFL iBT（120点満点）のスコアが挙げられる。2022年度の同テストアジア国別平均点で，日本は28位（73点）であった。1位シンガポール（99点），6位中国（90点），13位韓国（86点）と比較すると，日本が低いとわかる。もちろん，受験者数や受験者層が同じとは限らないため，順位を絶対視することはできないが，日本の順位は決して高くないといえる。

　もちろん，一部のテスト指標だけから，日本人は英語が不得意とはいえない。しかしながら，第2章の3.3で触れるが，学習者に対する調査では，「英語が苦手」と多くが回答する。なぜ他国の人々と比較して，日本人は英語が得意ではないのかということについて，白井（2004）は，数々の理由があることを前提に，①学習開始年齢，②言語間の距離を挙げている。英語学習の開始年齢に関して，若い方が学習に成功する可能性が高いという。そして12, 13歳を過ぎると外国語を英語母語話者のように習得することは不可能であるという臨界期仮説（Critical Period Hypothesis）に触れている。

表1.5.　英語科に関する日韓中の比較（2024年現在）

	日本	韓国	中国
英語教科必修化	2011	1997	2001
英語科開始学年	小5	小3	都市部：小1 農村部：小3
授業時間数	週1コマ	週2〜3コマ	週5〜10コマ

表 1.5 に示すとおり，2011 年から小学校 5 年生で必修化となった日本は，公立小学校での英語開始時期が 10 ～ 11 歳，他方で韓国では 8 歳，中国では都市部で 6 歳，農村部でも 8 歳からと，日本より 2 ～ 3 歳早いことがわかる。当然，学習開始時期が異なれば，英語学習にかける総時間数にも差が出てくる。さらに，授業時間数をみても，日本の週 1 コマに対し，韓国は週 2 ～ 3 コマ，中国は週 5 ～ 10 コマと数倍になっている。

　言語間の距離とは，母語が目標言語と似ている方が，外国語学習に成功する可能性が高いということである。同じ EFL であるオランダの英語力の高さには定評がある。日本人よりもオランダ人の方が，英語学習が易しいと考えられるが，これは英語とオランダ語が非常に似ていることが一因である。いうまでもなく，英語はアルファベットを用い，主語 + 動詞 + 目的語などの語順に制限がある一方で，日本語は漢字を主として用い，主語がたびたび欠落 (subject ellipsis) したり，柔軟な語順になったり (例：私はテレビを観るよ / テレビを観るよ私は / 観るよテレビを私は)，英語と日本語とでは言語間の距離がとても離れているのである。

5.2.　英語への憧れ

　日本人の英語への憧れは古くから続くものである。しかしながら，英語が話せるようになりたい人は多いが，英語は苦手と答える人も多いのが事実である。そして，英語への憧れをもつ人は多いのに，海外に留学する人は少ない事実がある。海外に留学したい人は 34.7％，留学したいと思わない人は 65.3％という結果が出ている（文部科学省，2024）。留学したい理由（複数回答可）で最も多いのが「語学力を向上させたい」である一方，したいと思わない理由で最も多いのが「言葉の壁がある」という，一見矛盾のようなことが起きている。英語の必要性を感じているものの，将来，自分自身が使うイメージは低いこともわかっている（ベネッセ教育総合研究所，2021，p.9）。また，英語母語話者の発音に憧れる人は多いが，実際はカタカナ英語の発音にとどまる場合も多い。英語という言葉には関心があるものの，言語の背景にある歴史や文化を十分に学んでいるともいえない。このような英語を取り巻く日本独特の現状を把握することも，英語教師には大切である。

5.3. 英語文化の絶対視

　言葉と文化は一体的なものである。映画や音楽も含めた文化に惹かれたことが，その文化で使用されている言語を学ぶ動機となることもある。2022年時点の日本では，日本で最も学習者の多い言語は英語だが，韓国語が2位である。その背景には，韓国ドラマやアーティストなどの影響があると考えられている（『Duolingo Language Report 2023』調べ）。つまり文化への興味関心が，言語を学習しようという動機につながることもある。

　しかし逆に，言語を学ぶことによって，その言語の考え方や文化に支配されてしまうこともある。「英語で物事を考えなさい」という表現は，まさに「英語を使用する人々の考え方になりなさい」と捉えられがちであり，この表現を用いるには注意が必要である。言葉への憧れが，その言葉が使用される文化の絶対視につながることもある。例えば，英米人などの英語母語話者の文化が優れていると考えて，自分たちの文化を卑下してしまうことがあってはならない。人々がそれぞれの文化的背景の中で英語を用い合うことが，まさに英語の国際化である（本名，1990）ことを肝に銘じ，多様性をもつ英語話者を育てることが重要である。

5.4. マイクロアグレッション

　何気ない日常の中で意図せずに行われる否定的な言動のことをマイクロアグレッション（自覚なき差別）という。例えば，日本人ではない見た目の人に対し，「日本語上手ですね」と話しかけたり，その人の見た目だけで英語が話せるという思い込みがあったりしないであろうか。発話者が攻撃を意図していなくても，聞き手が傷つくこともある。言葉（英語）はコミュニケーションのツールとなるが，時には相手の心を傷つけるナイフにもなってしまう。それを避けるために，政治的妥当性（political correctness: PC）とよばれる特定の言葉や所作に差別的な意味や誤解が含まれないよう適切な言葉遣いをする態度を身に付けたり，多様な価値観や文化を学んだりする態度が必要である。相手に敬意を表し，相手や場面に適した言葉遣いをするポライトネス（politeness）も重要な観点である。

5.5. 世界のボーダレス化と EFL の ESL 化

国際化する日本社会において,英語の使用は,ESL と EFL の境目があいまいになってきている現状もある。インバウンド観光需要が増えるにつれて,日本国内の観光地などでは日本語と英語の併記,あるいは英語表記のみの店も見られるようになってきた。

また,日本における公用語を英語とする「英語公用語化構想」,教育課程の特例による「英語特区」,企業内で英語を社内公用語とする動きなどがみられる。企業がグローバル化して,外国人労働者と円滑にコミュニケーションをする必要があること,また,言語に関係なくスキルのある優秀な人材を獲得できることがねらいである。しかし,無理な英語公用化の取組によって,理解不足からくる連携ミスが生じたり,意思決定のスピードが落ちたりすることも考えられる。英語能力獲得そのものに労力が配分されるほか,英語ができない労働者は離職する可能性も考えられる。

英語がメインの店内表示
(福岡市 Web ページより引用)

英語による市場の案内
(金沢近江町市場 Web ページより引用)

6. 日本の英語教育が目指すところ

6.1. 目標言語と英語

日本における英語教育は外国語として行われている。これは,英語教師に授与される教員免許状に,「外国語(英語)科」と表記されていることからもわかる。2021 年 1 月から実施されている大学入学共通テストの「外国語」は,英語,ドイツ語,フランス語,中国語,韓国語の 5 言語で実施されて

いる。文部科学省の統計によると，英語以外の外国語の科目を開設している高等学校等は2014年5月現在，全国で708校（公立512校，私立194校，国立2校）である。大学入試共通テストで外国語を受験した54万7650人のうち，英語以外に用意されているドイツ語，フランス語，中国語，韓国語のいずれかを選んだのは千人にも満たなかった。学習の対象としての言語のことを目標言語（target language）というが，学習者の多くが英語を目標言語として学んでいる。

6.2. 英語化と土着化

日本社会にはカタカナ語があふれている。そのうち，カーテン（curtain）のように元は英語であるものと，パソコンやコンセントなどのいわゆる和製英語がある。前者のように，英語由来の語がほかの言語や文化と融合し，母語の中で自然に使用されることを英語化（Englishisation）という。一方で，後者のように，母語やその地域の文化の影響を受けて英語由来の語が形を変えて使用されることがあり，母語化や土着化（nativization）という（Melchers & Shaw, 2003）。土着化については世界で通用しないため，学習者が口にしたときに教師が修正する必要があろう。その一方で，英語化された語は，発音やアクセントが母語の影響を受けている可能性が高いものの，語自体は英語として通用するものが多い。特に英語入門期の言語知識が少ない状態においては，積極的に言語材料の一つとして，この学習者の既有知識を活用するべきである。

6.3. EINを学ぶ一番の良き理解者として

学習言語として英語が優勢の日本社会だが，私たち日本人が目指すべき英語はENLではなく，英語が国際化する中でリンガ・フランカとして用いられる英語である。英語教師は，国際語として容認される英語発音や英語習得に伴う困難さをだれよりも理解し，学習者に寄り添う態度をもって英語を教えるべきである。

日本の英語教育が目指すところとして，英語はもはやネイティブ・スピーカーだけのものではなく，リンガ・フランカとして世界で使用されているこ

とを，指導者として教師は常に心にとどめておく必要がある。そのうえで，①コミュニケーションに支障がない英語使用，②理解しやすい英語語彙や発音の使用，③政治的妥当性やポライトネスへの配慮のある英語使用，④異文化への理解と敬意の促進を目指すべきである。これらの実践を通して，英語教育が学習者の人格の形成に寄与し，自分とは異なる言語や文化を学ぶことによって多様な価値観に気付き，対立ではなく対話ができる地球市民の育成につながる英語教育でありたい。

▶ 振り返り問題

1. リンガ・フランカとは何か。また，その重要性とは何か。
2. 政治的妥当性やポライトネスとは何か。

▶ Discussion Examples (No.2)

英語がネイティブ・スピーカーだけのものではなく，英語が国際化する中で，どのような態度をもって教師は英語を教えるべきであろうか。

Aさん　英語が話される国の文化や価値観が絶対的ではないことに留意して指導すべきと考えます。特に発音は多様に存在しているので，その多様性を指導できるよう自分も知識を身に付け，様々な価値観を柔軟に取り入れられる態度をもって教えるべきだと思います。

Bさん　常に生徒を受け入れる懐の深さや，自分を振り返ることができる反省的態度，プロとしての自覚，コミュニケーションの適性をもてるよう努力し，常に英語を用いてコミュニケーションを取ろうとする意識で教えるべきだと思います。

第2章　学習指導要領と日本の英語教育

　学習指導要領は教育の根幹を定めたものであり，しっかりと熟読し，それに基づいて教育実践することが求められています。時代の要請も踏まえて作成されており，定期的な内容の改訂にも敏感になる必要があります。本章では，学習指導要領の特徴を把握し，どのような視点で読むことが必要なのかを考察します。学習指導要領から日本の英語教育の目的・目標についても確認しましょう。

> ▶ Discussion Points
> No.3　学習指導要領はどのくらいの頻度で改定されるのであろうか。また，学習指導要領は英語教育にどのような意味をもたらしているのであろうか。
> No.4　学習者から「なぜ英語を勉強しないといけないの？」と目的を聞かれたとき，あなたならどのように答えるであろうか。

▶ **Keywords**：学習指導要領/言語の使用場面と働き/アクティブ・ラーニング/目的・目標

1. 学習指導要領とは

1.1. 学習指導要領の性質

　学習指導要領（A Course of Study）は，日本全国どこの学校においても一定の教育水準が保てるよう，学校教育法等に基づき，文部科学省が定めて

いる教育課程（カリキュラム）の基準である。昭和33（1958）年の学校教育法施行規則改正により法的拘束力をもつものとなった。グローバル化や急速な情報化，技術革新など社会の変化を見据えて，子どもたちがこれから生きていくために必要な資質や能力についての見直しを約10年に1度行い，学習指導要領を改訂している。新学習指導要領が告示されてから，一般的に，3年後に小学校で，4年後に中学校で全面的に，そして5年後に高等学校で年次進行（1年生から順次）にて実施されるのが慣例である。つまり，小・中・高等学校の全ての完成年度まで合計で約9年を要し，現行の実施中に次の改訂の検討に入る。学習指導要領の改訂に当たっては，有識者や教育の専門家などが集まった中央教育審議会の答申に基づいて，文部科学省が作成している。大綱的な基準である学習指導要領の規定の意味について，より具体的に説明するために，文部科学省は教科ごとに「解説」を作成している。「解説」においては，改訂の趣旨や改訂の要点なども詳細に記載されている。

学校教育法施行規則で，例えば小・中学校の教科等における年間の標準授業時数等が定められている。各学校は，学習指導要領や年間の標準授業時数等を踏まえ，地域や学校の実態に応じた教育課程（カリキュラム）を編成している。児童・生徒の教科書や時間割は，これを基に作成される。

1.2. 学習指導要領の周知

文部科学省は，様々な取組を通して，学習指導要領の趣旨の徹底を図っている。例えば，教科ごとの「学習指導要領解説」を文部科学省Webページにおいて公表したり，各地方自治体の指導主事を集めての「伝達講習会」を開催したりしている。また，教科書の改善・充実のため教科書会社に対して説明会を実施したり，優れた実践事例の共有・解説動画の配信も行ったりしている。文部科学省には小学校から高等学校まで全ての教科，特別活動，道徳，総合的な学習などに，教科調査官（Senior Specialist for Curriculum）という教育課程の編成を司る役職が存在し，文部科学省のWebページでは教科調査官等による新学習指導要領の解説動画を観ることができる。教科調査官とは別に，教科書調査官（Senior Specialist for Textbook）も存在し，各教科書会社から検定申請のあった教科書の内容が，学習指導要領の内容に

適合しているかの調査に当たる。

1.3. 学習指導要領の構成

　学習指導要領は，教育課程全般にわたる配慮事項や授業時数の取扱いなどを「総則」で定めるとともに，各教科等について，目的 (aim), 目標 (objective), 内容，内容の取扱いをおおまかに規定している。英語編は，まず教科全体の目標を示し，次に，各学年の「1. 目標」と「2. 内容 ((1) 言語材料，(2) 題材, (3) 学習活動)」そして「3. 指導上の留意事項」と「別表1 (指定する語)」，「別表2 (連語)」を示し，最後に第3として「英語についての指導計画作成及び学習指導の方針」を配置している。

2. 学習指導要領の変遷

　学習指導要領が，現在のような告示の形で定められたのは昭和33(1958)年のことであり，それ以来，ほぼ10年ごとに改訂されてきた。ここでは，中・高等学校の学習指導要領の変遷を研究した小泉 (2000) を参考に，どのような改訂が行われてきたのかを概観する。この変遷は英語教師として，古いことはどうでもよい過去では決してなく，どのような基礎の上に立って現在の英語教育が引き継がれてきたのかを知ることは重要である。あえて例えるならば，創業当時から継ぎ足しているスープの元味を知ることである。近年までに，表2.1のような改訂がなされている。

表2.1. 学習指導要領の一覧 (国立教育政策研究所のデータを基に編纂)

	告示	学習指導要領名	特徴
1	・手引き書の性質が強く，各学校の裁量権が大きい		
	1947	学習指導要領英語編 (試案)	言語教授の理論と実際 (実践) の両方を意識している。
2	1951	学習指導要領 外国語科 英語編 I・II・III (試案) 改訂版	総ページ数が759ページ3分冊の膨大な量で，教師用の指導書でもあり理論書でもある。

	1956	高等学校学習指導要領外国語科編改訂版	中・高等学校を合わせた扱いから高等学校に関する部分が分離された。ここから「試案」という文字が消えた。
3	・道徳の時間の新設，公立学校に対して学習指導要領の法的拘束力 ・指導内容を切り離し，指導規則の箇条書きの構成となるなど，現在の学習指導要領まで続くプロトタイプ		
	1958	中学校学習指導要領	「文法シラバス」に基づいている。
	1960	高等学校学習指導要領	外国語が必修化された。新たに「英語A」，「英語B」の2科目が設定された。
4	・カリキュラムの現代化を図り，学習指導要領の濃密化 ・英語圏の人々だけではなく，全世界の人々の生活や文化にも焦点化 ・「学習活動」の項を全面的に改め「言語活動」に		
	1969	中学校学習指導要領	生徒の能力差に対応した指導ができるようにした。
	1970	高等学校学習指導要領	新科目として，「初級英語」，「英語A」，「英語B」，「英語会話」が設定された。
5	・各教科の目標・内容を絞り，ゆとりある充実した学校生活を実現		
	1977	中学校学習指導要領	週3時間となり，指導内容，特に言語材料は大きく削減された。
	1978	高等学校学習指導要領	難易別に「英語I」，「英語II」という総合科目が設定された。また，「英語I」に接続する科目として，「英語II」と並行し，会話，読むこと，書くことのそれぞれの分野に特化した「英語IIA」，「英語IIB」，「英語IIC」が設定された。
6	・時代は「昭和」から「平成」に ・新学力観，個性を生かす教育 ・JETプログラムの開始 ・積極的にコミュニケーションを図ろうとする態度の育成を重視		
	1989	中学校学習指導要領	活発な言語活動を促すために，言語材料の扱いを一層弾力化させた。学年ごとに配当されていた言語材料を巻末にまとめ，その中から各学年の目標にふさわしいものを適宜用いることとし

			た。中学校では実質的に週4時間の授業を確保した。
	1989	高等学校学習指導要領	「英語I，II」に加え，「オーラル・コミュニケーションA，B，C」の3科目を中心的科目にすべく導入した。
7	・小学校中学年から高等学校において「総合的な学習の時間」の新設 ・「生きる力」育成と「生涯学習社会」への移行 ・学校週5日制が完全実施 ・旧版の「国際理解の基礎を培う」という文言が削除され，「実践的コミュニケーション」という文言が初めて登場			
	1998	小学校学習指導要領	「総合的な学習の時間」の中で，国際理解教育の一環として，外国語会話などを行う際に，外国の言葉や生活・文化に慣れ親しむ体験的学習の実施を規定した。
	1998	中学校学習指導要領	英語が必修化された。必修語が，507語から100語へと大幅に削減された。
	1998	高等学校学習指導要領	複数の技能を関連付けた言語活動を行うことが求められた。
8	・ゆとりでも詰め込みでもなく，知識，道徳，体力のバランスとれた力である「生きる力」の育成 ・授業時間数の増加			
	2007	小学校学習指導要領	5・6年で年間35単位時間の「外国語活動」が必修化され，話すことや聞くことを中心に指導するとした。
	2007	中学校学習指導要領	4技能を総合的に充実させ，語数を900語程度までから1200語程度にまで増加させた。
	2008	高等学校学習指導要領	「コミュニケーション英語I・II・III・基礎」を設定し，「英語の授業は英語で行うことを基本とする」と明示した。
9	・主体的・対話的で深い学び（アクティブ・ラーニング）の導入			
	2017	小学校学習指導要領	「外国語活動」の配当年次が3年生からに引き下げ（年間35コマ），5・6年生で「英語」が教科化（年間70コマ）された。

| 2017 | 中学校学習指導要領 | 「英語の授業は英語で行うことを基本とする」と明示された。 |
| 2017 | 高等学校学習指導要領 | 「英語コミュニケーションⅠ・Ⅱ・Ⅲ」を設定し，Ⅰを共通必履修科目とした。外国語による発信能力を高める科目群として，「論理・表現Ⅰ・Ⅱ・Ⅲ」を設定した。 |

① 昭和22（1947）年度一般編『試案』

　昭和20（1945）年に太平洋戦争が終了した後，連合国軍最高司令官総司令部（GHQ）は，我が国の教育制度改革を強力に押し進めた。昭和21（1946）年3月，GHQは軍人スタッフに専門的な助言を与える目的で，アメリカの著名な教育指導者たちを日本に招聘した。この使節団を迎えるに当たっては，日本側も教育専門家による委員会を設置して対応し，この委員会が日本側の報告書作成を担当した。この報告書を受けて，文部省（当時）内に，いくつかの機関や委員会が組織された。その一つが教育課程委員会であり，教育課程の作成作業が開始された。

　翌年の昭和22年3月31日に学校教育法が，同年5月23日には学校教育法施行規則が公布された。それに先立ち『学習指導要領一般編（試案）』が発行されている。学習指導要領の各教科編も同時に発行され，外国語編（試案）もこの時に発行されている。次では，外国語編の試案について概観する。

② 昭和22年学習指導要領外国語編（試案）

　昭和22年『学習指導要領外国語編（試案）』の序文には，次のように書かれている（下線は全て筆者によるもの）。

　　「英語の教授と学習とを効果あらしめるためには，なんのために，何をどんな方法で，いつどんなところで教授し学習するというような問題が多い。この『学習指導要領』は，言語教授の理論と実際とにもとづいて，こうした問題を解く助けとなるように作られたものである。けれども，学校によっていろいろ事情がちがうことであろうから，教師も生徒も，おのおのその個性を発揮して，この『学習指導要領』を

十分に活用してもらいたい。
　もちろん，この『学習指導要領』は完全なものではないから，実際の経験にもとづいた意見を，どしどし本省に送ってもらい，それによって，年々書き改めて行って，いいものにしたいのである。」

　この序文中に書かれている「言語教授の理論と実際とにもとづいて」は理論と実践の両方を意識したものであり，学習指導要領の作成当初から，理論と実践の融合という重要な点を指摘している。また，学校によっていろいろと事情が異なることを前提として，「教師も生徒も，おのおのその個性を発揮して」学習指導要領を活用してほしいという記述は，現場の実情を尊重していることがうかがえる。「この『学習指導要領』は完全なものではない」と断りが書かれているとおり，これは「試案」として発行されたものである。昭和31（1956）年の改定で「試案」という文字が消えるまで，この「試案」という文言が書かれている。

③ 昭和22（1947）年外国語（英語）編の内容
　外国語（英語）科の学習指導要領として，まず冒頭に「英語科教育の目標」が以下のように掲げられている。

　　一．英語で考える習慣を作ること。
　　二．英語の聴き方と話し方とを学ぶこと。
　　三．英語の読み方と書き方を学ぶこと。
　　四．英語を話す国民について知ること，特に，その風俗習慣および日常生活について知ること。

　「一．英語で考える習慣」とあるように，私たちの心を英語母語話者の心と同じように働かせる習慣を作ることが自然で効果的な方法だとしている。しかし「英語で考える」とはどのようなことを意味するのか不明瞭であった。二及び三として，言語材料を覚えることに重点を置くのでなく，聴き方，話し方，読み方，書き方に注意しながら，「生きた言葉」として英語を学ぶよう記している。四は，「英語を話す国民」という表現からわかるとおり，特

定の国の言語として英語を捉えるものである。これは現在の「国際共通語としての英語」とは異なる捉え方である。一の目標と合わせ，英語圏の文化，思考に同調するような考え方がみられる。この学習指導要領の中で指導法の一例として，オーラル・イントロダクションが紹介されている。中学校1年生の最初の6週間を文字なしで指導することに触れているなど，パーマーのオーラル・メソッド（第3章参照）の影響を強く受けている。

④　昭和26（1951）年改訂版外国語編

　この改訂では，3分冊（759頁）の膨大な量となった。和文と英文の両方で書かれており，教師用の指導書でもあり理論書でもあった。直接教授法（direct method，第3章参照）の影響を強く受けており，実践指導資料集の性質ももつ。

　この学習指導要領には，「生徒は単に英語を知るために英語を勉強するのではないし，そうであってはならない」と留意点が記されている。全体の教育目標から特定の教科の目標を切り離さずに，機能上の目標と教養上の目標それぞれとの関連付けの重要性を述べてから，中・高等学校に分けて，「一般目標」，「機能上の目標」，「教養上の目標」を記載している。「一般目標」は，機能上と教養上の目標をまとめたもので，ほかの技能との関連や，英語科カリキュラム編成上の留意すべき事項が書かれている。冒頭に「特殊目標」（specific aims）という項を設け，各学年44個の中から8個の項目が列挙してある。特殊目標とは，前述の一般目標に対し，「知識と理解，技能と能力，態度と鑑賞，習慣と理想」だと説明されている。到達目標であると同時に，学習内容そのものと考えてよいものも多く，現行の学習指導要領における言語活動とも重なるものがうかがえる。

⑤　昭和31（1956）年高等学校改訂版

　昭和30（1955）年12月に『高等学校学習指導要領外国語科編　昭和31年度改訂版』が告示された。中学校と高等学校で一緒の扱いだった昭和26年版から高等学校に関する部分が分離され，今回の改訂となった。また，初めて第一外国語（英語）と第二外国語（ドイツ語・フランス語）を設定した。

『試案』の文字はこの昭和31年版で消えた。

　この昭和31年改訂版は解説的内容を含んだもので，昭和26年版の性質を受け継いでいる。しかし，理論的な解説については大幅に簡略化されている。この改訂版は，現在の「学習指導要領解説」に表現方法などが共通するものがある。

　昭和26年改訂版に引き続き，英語圏の生活や文化への理解を深めることをうたっているが，「英語圏の生活や文化への理解を通して，みずからの教養を高め，我が国の文化の向上を図ろうとする態度を養うこと」という文言が追加されている。

　この改訂版で文法項目について具体的に示されるものはないが，新語数の基準を学習指導要領において初めて示した。また，特に読み方（読むこと）については「指導計画をたてるにあたっては最も大きな重点を置くように」とし，一方「聞き方（聞くこと）と話し方（話すこと）の分野の学習量は学年が進むに従って漸減するように」としている。これは平成元年改訂版まで引き継がれている考え方である。

⑥　昭和33（1958）年中学校改訂版
　　昭和35（1960）年高等学校改訂版
　学校教育法施行規則の改正に対応し，教育課程の内容を規定する最初の学習指導要領として書かれたものが，昭和33年中学校改訂版と昭和35年高等学校改訂版である。どちらも，文部省告示という規則体裁を整えるため，具体的な例示を極力抑え，箇条書きで大綱的な表記となっている。従来の学習指導要領に含まれていた理論的解説や指導法など具体的な事柄にかかわる内容は，学習指導要領とは別に，「中学校外国語[英語]指導書」「高等学校指導要領解説外国語[英語]編」という刊行物の形で出版されることになった。これは現行においても，「学習指導要領」とその「解説」の形で刊行されていることに通じる。

　指導方法や扱い方が大綱的かつ抽象的に示されたことで，昭和22年の学習指導要領に強く影響を与えていたパーマーのオーラル・メソッドの色合いは薄くなった。語彙や文法項目は残り，しかも，「内容」の項の冒頭に掲げ

られたため，これらの学習指導要領はいわゆる「文法シラバス」としての性格を明確に備えたものと受け取られた。

高等学校では新たに科目設定が行われ，「英語 A」，「英語 B」の 2 科目が設定された。前者は 3 年間で 9 単位を標準として英語の 4 技能の実用面に重点を置くものである。一方で，後者は 3 年間で 15 単位を標準として，「英語 A」よりは文字言語に重点をおき，高等学校卒業後に大学進学を希望する者を対象としている。

また，この改訂版で初めて，中・高等学校ともに，ドイツ語とフランス語について具体的な基準と内容が示された。

この学習指導要領の構成が，現行の学習指導要領まで続く原型となったといえる。これ以降の学習指導要領は，これを修正加筆する形で改訂を続けている。

言語材料を「内容」の項の冒頭に掲げたことに関して，この学習指導要領を基に発行された昭和 34 (1959) 年の中学校指導書では，「音声，語い，文法事項などは，言語材料といわれ，英語の要素や素材となるものである。このようなものがなくて，能力を養うことなどは考えられない」と書かれ，言語材料の重要性が強調されている。しかし，文法項目を学年ごとに配当して規定したことで，この学習指導要領は「文法シラバス」を基にしていると認識されるものとなった。

⑦　昭和 44 (1969) 年中学校改訂版
　　昭和 45 (1970) 年高等学校改訂版

1960 年代はベトナム戦争や大学紛争が起きた。昭和 38 (1963) 年の義務教育諸学校の教科用図書の無償措置に関する法律（無償措置法）の規定により，同一域内の複数の学校で使用教科書を単一的に採択する「教科書広域採択制」が昭和 41 (1966) 年に開始された。現在も広域採択制度に則り，市町村や都道府県の教育委員会が教科書採択の責を担っている。

昭和 43 (1968) 年 6 月の教育課程審議会答申を受けて，学習指導要領の改訂が行われ，小・中学校は昭和 44 年 4 月，高等学校は昭和 45 年 10 月に告示された。この学習指導要領を基にした「中学校指導書外国語編」は，内

容を基本的事項に絞り，学年配当を緩和させている。また，生徒の学力差に対応した指導ができるよう配慮がなされている。

　高等学校については教育課程の多様化を踏まえ，新たな科目として，「初級英語」，「英語A」，「英語B」，「英語会話」を設定した。

　扱う題材は，「その外国語を日常使用している人々をはじめ広く世界の人々の日常生活，風俗習慣，物語，地理，歴史などに関するもののうちから変化をもたせて選択するものとする。」（指導書 p.152）としており，英語圏の人々だけではなく，全世界の人々の生活や文化へ目を向けさせている。「学習活動」の項を全面的に改めて「言語活動」とし，内容の中心を占める位置へ移動させた。これについて，指導書では，「聞き，話し，読み，書くことができるようにさせるためには，実際に聞いたり，話したり，読んだり，書いたりする言語活動を行わせることが必要にして欠くことの出来ないもの」だと記し，実践を意識した内容となっている。

　さらに，指導書では，「聞くこと」とは英語を聞いてその意味をつかむこと，「話すこと」とは英語の音声を用いて，ある内容を言い表すこと，「読むこと」とは，英語の文字を読んで，その意味をつかむこと，「書くこと」とは，文字を用いてある内容を書き表すことというように，各技能を明確に定義している。「言語活動」は有意味な言語の使用を意識した実践的な活動であり，「学習活動」とは明確に区別された。これは現在の学習指導要領で，タスクなどの「言語活動」と文法練習問題などの「形式練習」を明確に区別したことの先駆けである。

　また，内容の削減がこのときから始まった。新語総数は，前学習指導要領で中学校1,100〜1,300語程度だったものを950〜1,100語程度とした。「英語B」では新語総数の上限3,600語に変更は無かったが，2,400〜3,600語程度というように下限を広げて幅をもたせている。また，言語活動や言語材料の項目の中には，生徒の学力に応じて扱いを軽くすることができるものを指定しているように，学力下位層に対する配慮がみられた。

⑧　昭和52（1977）年中学校版改訂
　　昭和53（1978）年高等学校版改訂

この改訂では，中学校での週3時間体制と，高等学校での「総合英語」と各分野別科目の導入が目玉であった。昭和51（1976）年の教育課程審議会答申では，高等学校入学者が9割を超え，受験競争が過熱していた。その結果，知識偏重やそのひずみから起きる非行問題などを念頭に置き，「人間性豊かな児童生徒」，「ゆとりある充実した学校生活」，「基礎基本の重視と個性，能力に応じた教育」の三つを柱とした教育課程の改善が答申された。これを受けて各教科の学習指導要領が大幅に改定されることとなった。特に，「学校の主体性を尊重して（中略）学習指導要領を大綱的基準にとどめる」という基本方針は，その後の学習指導要領にも大きな影響を与えることとなった。

　中学校の外国語（英語）は週3時間となり，指導内容，特に言語材料は大きく削減された。文型は37種が22種に，文法項目は21項目が13項目になり，例えば関係副詞や現在完了進行形などが高等学校へ後送りされた。新語総数は900語から1,050語に，指定語も490語に減少した。

　大幅な内容削減とともに，中学校の言語活動が全学年共通になるなど，学習指導要領の構成自体にも変化があった。それぞれの学年目標と学年指定の言語材料配当は従来のような構成で記述された。

　高等学校では，従来の3年間同科目を履修するという状態を改め，難易別に「英語I」と「英語II」という総合科目を設定した。また，「英語I」に接続する科目として，「英語II」と並行し，会話，読むこと，書くことのそれぞれの分野に特化させた「英語IIA」，「英語IIB」，「英語IIC」を設定した。これら高等学校の科目に関する言語活動も，中学校と共通の表現で示されている。

⑨　平成元（1989）年版改訂版

　昭和53・54（1978・1979）年版では，いわゆる「ゆとり」を目的として授業時数と内容の大幅な削減が行われた。昭和62（1987）年の教育課程審議会答申には，外国語科の改善の基本方針として，「聞くこと・話すことの言語活動の，一層の充実をはかること」，「国際理解をつちかうこと」，「指導内容の重点化・明確化と発展的，段階的指導」が盛り込まれた。

今回の改訂ポイントとしては,「聞くこと」と「話すこと」を別領域として規定し,計画的組織的な指導をしやすくすること,コミュニケーションを図ろうとする態度の育成を重視し,活発な言語活動を促すこと,そのために,言語材料の扱いを一層弾力化することが挙げられる。言語材料の扱いを一層弾力化するため,中学校では,学年ごとに配当されていた言語材料を巻末にまとめ,その中から各学年の目標にふさわしいものを適宜用いることとした。高等学校でも各科目の言語材料配当を廃止して巻末にまとめ,科目の目標にふさわしいものを適宜用いることができるようにした。また,中学校では実質的に週4時間の授業を確保することが可能になった。

　高等学校では,前学習指導要領からの「英語Ⅰ・Ⅱ」に加え,「オーラル・コミュニケーションA・B・C」の3科目を中心的科目にすべく導入した。かつて,あまり実施されなかった「英語会話」や「英語ⅡA」の反省に立ち,外国語科目を置く場合はオーラルの科目のいずれかは必修と附記した。「英語Ⅱ」と並列する分野別科目である「リーディング」と「ライティング」を合わせて7科目が揃った。

　新語総数については,中学校が1,000語程度（内,指定語507語）,高等学校では,英語Ⅰが1,500語,英語Ⅱとオーラル各科目,ライティングは,2,000語レベル,リーディングが2,400語程度とされた。生徒の学習に対する負担を軽減し,言語活動に十分取り組む時間を確保してもらうための削減ということであったが,その意図がよく伝わらず,教材内容が薄くなってしまうのではないかという批判があった。

⑩　平成10（1998）年度改訂版

　平成8（1996）年,中央教育審議会の第一次答申を受けて,教育課程審議会は「ゆとり」と「生きる力の育成」を基本とする教育への転換を目指し,平成10（1998）年7月に答申を提出した。本改訂により学校週5日制が導入された。この「ゆとり」の方針は,受験競争の過熱による知識の詰め込みの反省に立ち,情報処理的な勉強にとどまらずに,自分の学びを自己決定する力,生涯学び続けるモチベーションをもち,探求を行うという意図があったのだが,現場には十分に伝わらなかった。これまで隔週の土曜日を授業日

としていたところ，多くの高等学校では6限目までだった1日の時間割を，7限目までに延長するなどして，結局は授業時間数の量的確保を行った。

　外国語については，インターネットの普及による急激な国際化を迎え，外国語教育の重要性を鑑みて中・高等学校ともに必修となった。中学校は，実質的に世界共通語である英語を「原則として必修」とすることとした。高等学校では，全体的に教育の規制緩和を目指し，児童生徒個人の興味関心を尊重し自主性を育むという学習指導要領の趣旨に照らして，特定の英語科目を必修とすることはしないことにした。

　全体として学習指導要領が規定する事柄を減少させようしている。中学校において，外国語の目標と言語活動について，学年の指定を解消し，配慮事項として，各学年段階における言語活動の指導上の留意点を挙げるにとどめた。また，言語材料のうち，語彙について中学校の指定語は，機能語だけに絞り込まれ100語となった。あらゆる部分で指導内容の厳選を進めて，中学校の新語総数は900語程度とした。今回の改定で「実践的コミュニケーション」の育成とともに，中学校では「聞くこと」と「話すこと」を重点化した。

　高等学校では，以前にも増して中学校との連携を取ることが求められ，技能間の統合を念頭に置いた言語活動が求められた。

　内容を厳選した中，今回の改訂では「言語活動の取り扱い」の項に示された「言語の使用場面と働き」の例示リストが追加された。この例示により，大綱化する学習指導要領の中において，コミュニケーション活動をより実践的に設定するよう求めることが具体的に示されている。文法中心ではなく，言語機能に着目する大きな転換点である。

　［中学校で示された言語の使用場面の例］
　　a　特有の表現がよく使われる場面
　　　あいさつ・自己紹介・電話での応答・買い物・道案内・旅行・食事，など
　　b　生徒の身近な暮らしにかかわる場面
　　　家庭での生活・学校での学習や活動・地域の行事，など

［言語のはたらきの例］
a　考えを深めたり情報を伝えたりするもの
　　意見を言う・説明する・報告する・発表する・描写する，など
b　相手の行動をうながしたり自分の意志を示したりするもの
　　質問する・依頼する・招待する・申し出る・確認する・約束する・賛成する／反対する・承諾する／断る，など
c　気持ちを伝えるもの
　　礼を言う・苦情を言う・ほめる・謝る，など
［高等学校で示された言語の使用場面の例］
　　（ア）　個人的なコミュニケーションの場面：
　　　　　　電話，旅行，買い物，パーティー，家庭，学校，レストラン，病院，インタビュー，手紙，電子メール，など
　　（イ）　グループにおけるコミュニケーションの場面：
　　　　　　レシテーション，スピーチ，プレゼンテーション，ロール・プレイ，ディスカッション，ディベート，など
　　（ウ）　多くの人を対象にしたコミュニケーションの場面：
　　　　　　本，新聞，雑誌，広告，ポスター，ラジオ，テレビ，映画，情報通信ネットワーク，など
　　（エ）　創作的なコミュニケーションの場面：
　　　　　　朗読，スキット，劇，校内放送の番組，ビデオ，作文，など
［言語の働きの例］
　　（ア）　人との関係を円滑にする：
　　　　　　呼び掛ける，あいさつする，紹介する，相づちを打つ，など
　　（イ）　気持ちを伝える：
　　　　　　感謝する，歓迎する，祝う，ほめる，満足する，喜ぶ，驚く，同情する，苦情を言う，非難する，謝る，後悔する，落胆する，嘆く，怒る，など
　　（ウ）　情報を伝える：
　　　　　　説明する，報告する，描写する，理由を述べる，など
　　（エ）　考えや意図を伝える：

申し出る，約束する，主張する，賛成する，反対する，説得する，承諾する，拒否する，推論する，仮定する，結論付ける，など

(オ) 相手の行動を促す：
質問する，依頼する，招待する，誘う，許可する，助言する，示唆する，命令する，禁止する，など

⑪　平成 19（2007）年改訂版

　平成 19 年改正の学校教育法では，教育基本法改正等で明確になった教育の理念を踏まえ，「生きる力」を全面的に打ち出した。知識・技能の習得と思考力・判断力・表現力等の育成のバランスを重視するととともに，道徳教育や体育などの充実により，豊かな心や健やかな体の育成を図ろうとした。教育によって育むべき三つの資質・能力として「知識・技能」「思考力・判断力・表現力」「学びに向かう力・人間性等」が示された。小学 5・6 年に「外国語活動」を導入し，聞くこと，話すことを中心に指導することとした。また，中学校では聞く・話す・読む・書く技能を総合的に充実させ，新語総数を 900 語程度までだったものを，1200 語程度にまでに増加させた。高等学校では，指導する標準的な単語数を 1,300 語から 1,800 語に増加させ，中・高等学校合わせて 2,200 語から 3,000 語に増加した。授業を実際のコミュニケーションの場とするため，英語の授業は英語で行うことを基本とした。しかし，「日本語で説明してもわからない生徒を，どうやって英語で指導するのか」という困惑が広がった（鳥飼，2017）。そのような現場の不安を踏まえ，平成 21（2009）年に公表された「高等学校学習指導要領解説」において，「授業のすべてを必ず英語で行わなければならないということを意味するものではない」(p.44) と付け加え，「英語による言語活動を行うことが授業の中心となっていれば，必要に応じて，日本語を交えて授業を行うことも考えられる」(p.44) と書かれている。

⑫　2017（平成 29）年改訂版

　これまでの学習指導要領は，教員が教えるべき個別の具体的内容に関し

て，知識や技能の内容に即して整理されたものであった。しかし，この平成29年告示の学習指導要領では，各教科について，記述の枠組みを統一的に見直し，学習者が学びを通してどのような力を付けるのか，そしてその力をどのように活用するのかまで詳細に記述しようとしている。

　前回の改定で登場した三つの資質・能力を「教育の三本の柱」として継承し，全ての教科でこれらの柱に沿った「目標」や「内容」を詳細に記述している。習得した知識・技能を活用して，思考・判断・表現することまでを学校教育の中で指導するのである。さらには，それらの学習体験を基に，自律的な学習者となって学びを自ら深め，ほかの人々や社会・世界と関わって人間性を高めることが究極の目標となる。

　今回の改定で「教員が何をどう教えるか」から，「学習者が何をどう学び，学んだものをどう活用し，何ができるようになるか」がポイントとなり，学習形態も教師の説明型よりも，協働学習に視点が集まった。いわゆる「アクティブ・ラーニング」である。学習者が主体的に学び，知識・技能を活用して思考・判断した過程を言語化するには，ペアやグループで仲間と意見を交換し，情報を共有させることが不可欠である。告示された学習指導要領にはこのカタカナ語としての「アクティブ・ラーニング」は登場せず，「対話的で深い学び」と記述されている。これは，「アクティブ」というカタカナ語のイメージから，ペアやグループで活動させ，ただ単に学習者が活発に何か活動をしていることが「アクティブ・ラーニング」との誤解を避けようとしたねらいがあるものと思われる。真の「アクティブ・ラーニング」とは，単にペアやグループ活動で感想を伝え合う活動を指すのではなく，知識を活用し，根拠や論理をもって思考・判断したプロセス（考えたことの根拠）の言語化であることに注意したい。

　小学校における英語教育が教科化されることになった。中学校においては「英語で授業を行うことを基本とする」ことが明記された。これは高等学校で「英語で授業を行うことを基本とする」と規定されてから約10年たってのことである。高等学校では，学習指導要領史上初めて，科目名に「英語」の文字が入っていない「論理・表現Ⅰ・Ⅱ・Ⅲ」が設定された。これは英語を話したり書いたりすることによる発信能力を高めることを目指す科目であ

る（文部科学省, 2018c, p. 18)。

3. 日本の英語教育の目的と目標

3.1. 学習指導要領からみる目的と目標

　高等学校学習指導要領（平成 30 年告示）解説には，「学習指導要領は，学校，家庭，地域の関係者が幅広く共有し活用できる『学びの地図』としての役割を果たす」(p. 2) と記されている。ここで重要なのは，学校だけでなく，家庭や地域の関係者がかかわるという姿勢である。そして学びの「地図」として目指す方向性を共有するという趣旨であろう。同ページには，①「何ができるようになるか」（育成を目指す資質・能力），②「何を学ぶか」（教科等を学ぶ意義と，教科等間・学校段階間のつながりを踏まえた教育課程の編成），③「どのように学ぶか」（各教科等の指導計画の作成と実施，学習・指導の改善・充実），④「子供一人一人の発達をどのように支援するか」（子供の発達を踏まえた指導），⑤「何が身に付いたか」（学習評価の充実），⑥「実施するために何が必要か」（学習指導要領等の理念を実現するために必要な方策）の 6 点が強調されている。これらは 1 時間の授業ごとに確認すべきことである。

　また，中学校学習指導要領解説総則編 (2017, p. 1) には，学習者たちが成人して社会で活躍する頃には，我が国は①生産年齢人口の減少，②グローバル化の進展や絶え間ない技術革新等の中で予測が困難な時代，③急激な少子高齢化，などが進む中で，「一人一人が持続可能な社会の担い手として新たな価値を生み出していくことが期待される」と述べられている。世紀の新発見は生まれにくいであろうが，すでにあるもの同士を結び付けたり，情報を再構成したりして新たな価値につなげることはできる。また，本書第 1 章で我が国における英語の地位についても考察したが，グローバル化が進み，経済・文化・物流・政治が国を超えて動く時代にあって，リンガ・フランカとしての英語の重要性についても触れた。

　しかしながら，これらの諸問題や現状は，少なくとも今の子どもたちが引き起こした状況ではなく，解決すべき多くのことは大人たちが引き起こして

きた問題である。そのような現状の中で，「英語が必要だから」と押し付けるのではなく，英語を学ぶ本当の大切さ，すばらしさを生徒たちに自信をもって伝えられるようにしたい。語彙や文法等の個別の知識がどれだけ身に付いたかに主眼が置かれるのではなく，英語学習を通じて「知識及び技能」と「思考力，判断力，表現力等」を獲得し，その過程を通して，「学びに向かう力，人間性等」に示す資質・能力を育成したい（文部科学省, 2018c）。

3.2. 英語の授業を英語で行うこととは（手段）

高等学校学習指導要領では 2013（平成 25）年，中学校学習指導要領では 2021（令和 3）年の改訂により，「英語の授業は英語で行うことを基本とする」ことが明記された。しかし，英語で授業を行うことは教授の「手段」であって「目的」ではない。この文言の前には「授業をコミュニケーションの場とするため」という大切な目的が書かれている。文部科学省は日本語による説明型の英語授業を改善すべく，教授手段を「英語」と明記したわけであるが，説明型からコミュニケーション型に授業のスタイルも変えねばならない。しかし，説明型が残ってしまい，英語による説明型の授業になってしまうと，教師も学習者も疲労感のある授業となるであろう。高等学校が先んじて「英語で行うことを基本とする」よう改訂された経緯は，やはり高等学校の英語授業は読解中心であり，日本語による説明が多くなっている状況を改善するためであった。

3.3. 授業をコミュニケーションの場とするために

中学校 3 年生に対し，「英語は得意ですか」と聞くと，約 6 割が「苦手」あるいは「やや苦手」と回答している。同時に「英語ができたらどう？」と問うと，約 9 割が「うれしい」あるいは「ふつう（悪くない）」と答えている。つまり，英語は苦手だが，英語はうまくなりたいと感じているのである。英語を使う言語活動を行っている学校の生徒ほど，英語が好きと回答している割合が高いのも事実である。即興で自分の考えを英語で伝え合う言語活動（「話すこと〔やり取り〕」）や，聞いたり読んだりした内容について英語で書いてまとめたり自分の考えを書いたりする言語活動（技能統合）を行ってい

る学校と行っていない学校では，「英語の勉強が好き」という生徒の割合に2倍以上の大きな差が出ている（文部科学省, 2019）。英語力とともに，自らの考えを主体的に述べる意欲と態度，表現力を身に付けさせ，「自分は英語を使ってコミュニケーションを図ることができる」という自信をもたせることが大切である。

3.4. 言語活動

英語科の授業だけではなく，学校全体で各教科等における言語活動の充実が求められている。学習者中心の言語活動であり，先生よりも生徒が忙しくなるような授業が求められるのである。そして，英語科のみならず，全ての教科科目を通して思考力・判断力・表現力を養うことが求められている。思考力・判断力・表現力を養うには，情報を整理しながら考えなどを形成し，言葉で表現したり，伝え合ったりする言語活動が必要である。英語教育において思考・判断・表現力の育成を行うには，言語の壁・文化の壁を乗り越え，インプットからアウトプットまでの時間がかかるため，授業進度とのたたかいも生じる。「早く教科書を進める方がよい」というスピード競争からの脱却が必要である。

3.5. 学習者の立場から「なぜ英語を学ぶのか」

田尻（2008）は，学習者から「なぜ英語を学習するのか」と尋ねられたら，まずなぜそのような質問をしたのかと考えてみると述べている。英語教師は，どうしても「国際語だから」，「英語が通じたら未来が開ける」，「ボーダレスな時代に英語ができないと」などとついつい英語の必要性を前面に出して，説得してしまいがちである。しかし，「なぜ英語を学習するのか」と尋ねた学習者は，英語の必要性を聞きたいのではなく，英語学習に不安や不満を抱えているのではないかと考える必要がある。「努力しているのに実を結ばないのか」，「英語の授業がわからないのか」，「授業が面白くないのか」，「教師の方針に納得がいかないことがあるのか」ということについて教師は考える必要がある。

また，学習者に対し，なぜ英語を学ぶのかについて問うと，「入試に出る

から」,「英語で映画を観たり,歌を聞いたりしたいから」,「学校の授業で英語が教科としてあるから」,「親に言われてしかたなく」,「今や英語は世界中で使われ,これからの時代を生きるのに必要だから」,「英語は国際語だから」と多くは答えている。これらの発言をよくみると,教師や保護者の期待や要求がそのまま映し出されているように感じてならない。大人たちの期待や要求が色濃く映し出されるのが教育であるからこそ,近視眼的な実利だけを英語教育に求めるのではなく,言語を学習することは,新たな自己発見と深い他者理解,多様な価値観の発見や固定概念の払拭につながることなど大局的な意義を求めたい。

▶ 振り返り問題
1. 学習指導要領における「目的」と「目標」について説明しなさい。
2. 学習指導要領において「英語の授業は英語で行うことを基本とする」と規定された意図を説明しなさい。

▶ Discussion Examples (No. 4)
学習者から「なぜ英語を勉強しないといけないの？」と目的を聞かれたとき,あなたならどのように答えるであろうか。

A さん　私ならこう伝えたいです。
「世界で使用されている英語を学ぶことは,世界の文化や人々の考え方を知ることにつながります。それらの新しい知識を手に入れて,自分がどう思うかについて英語を通してほかの人に伝えることで,またほかの人も,あなたから新しい価値観に気付くのではないでしょうか。」

B さん　私ならこう伝えたいです。
「なぜ英語を勉強するか」って難しい問題ですね。あなたは英語の勉強とても頑張っているように思うけど,英語学習で何かつまずいたり,面白くないなと感じたりするところがありますか？ぜひ話しを聞かせてください。」

第3章　英語教授法

　言語の本質についての考え方である「言語観（アプローチ）」に基づいて，具体的な「教授法（メソッド）」が生み出されます。本章では，様々な言語観と，それに基づいたメソッドをみていきます。どのような理論に基づくどんな教授法が存在するのか，そしてそれぞれの教授法の長所と短所を理解しましょう。

> ▶ **Discussion Points**
> No.5　文法訳読法のように，日本語を使って説明する型の授業で身に付く英語力とはどのような力であろうか。
> No.6　日本語を介さずに，英語で授業を行う際に気を付けるべき点は何であろうか。

▶ **Keywords**：言語観／教授法／教授技術／英語を媒介とする教授法（EMI）／先行オーガナイザー／インフォメーション・ギャップ

1.　英語教授法とは

　英語教授法は「特定の言語習得理論に基づいて考案された言語の指導法」と定義できる。前半にある「言語習得理論」とは文字通り「理論」であり，後半にある「言語の指導法」とは理論を具現化した「実践」といえる。望月他（2018）は，英語教授法に関して，approach, method, technique があると述べている。approach は言語の性質と言語教授・学習の性質を扱い，それらが相互に関連する理論である。method は，approach に矛盾しないで

その言語観の上に立ち，言語材料を順序よく組織的に提示するための計画である。一つの approach には複数の method がある。technique とは，教室の中で実際に使われる直接的な教授技術のことであって，technique は method と一貫性があり approach とも調和しているとも指摘している。

英語教授法という学問領域を TESOL（テソル，あるいはティーソル：Teaching English to Speakers of Other Languages）とよぶことがある。また，母語ではないものの第二外国語として英語が定着している国における英語教授法を TESL（テスル：Teaching English as a Second Language），英語が定着していない国における英語教授法を TEFL（テフル：Teaching English as a Foreign Language）という。

明治時代以来，これまで我が国の英語教育界には様々な教授法が導入されてきた。しかし，それらは必ずしも TEFL として日本人英語学習者に適しているとはいえないものが多い。日本人英語学習者のための教授法といえば，Palmer（1924）の「オーラル・メソッド」くらいである。

教授法を分類すると，まず教授言語が日本語なのか目標言語（英語）なのかで分けられる。英語を媒介とする教授法を全般に English as a Mean Instruction（EMI）という。英語で行うことを基本とした授業では，日本語をメインとした授業よりも母語干渉（interference）のおそれが低下する（白井，2004）といわれている。また，教師中心（teacher-centered）なのか，それとも学習者中心（learner-centered）なのかの違いも大きい。

2. 代表的な英語教授法

日本の英語教育に大きな影響を与えた代表的な英語教授法について，林（2017）を参考にしてみていく。

2.1. 文法訳読法 (Grammar Translation Method: GTM)

文法訳読法は古くから用いられている教授法である。日本語を使用して，英文に語彙や構文，文法の規則を当てはめて翻訳を行う方法で，教師中心である。現在でも，英語でのコミュニケーションを中心とした授業の中でも，

英文内容の読解などの際，この方法がとられることがある。文法訳読法は外国語教授法として最も長い歴史をもち，この伝統的教授法は，元はラテン語やギリシア語などの古典語の指導に用いられていたが，それが現在でも継続して使用されている（米山，2002）。この教授法は，英語のコミュニケーション能力よりも，語彙や構文，文法といった言語構造の理解を深め，内容を母語で確認できるということに主眼が置かれている。この教授法は，英語教師であれば既有の言語知識を活用でき，コミュニケーションの授業と比較すると事前の準備に大きな負担がかからず，強い影響力をもつ高等学校入試及び大学入試でも訳読の能力が重視されていたこともあり，広く普及した。

しかし，文法訳読法のような日本語をメインとした授業では，英語使用を基本とした授業よりも母語干渉のおそれがある（白井，2004）。例えば，文法訳読法を使用して He is a student. を解釈したとしよう。He は男性を表す代名詞だから「彼」と訳す。そして補語の部分には不定冠詞の付いた名詞「生徒」があり，全体とすると，「彼は生徒です」と解釈できる，といった説明になろう。しかし，この説明では，「私はバスケ部です」という日本語を *I am a basketball team. と表現できるとの誤解が生じるおそれがある。また，日本語を中心とした「説明」が多くなり，英語のインプットになっておらず，英語を使っていることにもならない。さらに，日本の英語教育の目的であるコミュニケーション能力の育成も達成しにくい方法である。例えば，文法訳読法を使用して I feel very hot in this room. は「第3文型で SVC となっていて」と説明をする。そして「私は，この部屋がとても暑く感じる」と日本語で訳す。学習者は，「先生，『この部屋が』は，『この部屋では』でもよいですか」などと，訳における日本語使用の問題に固執するかもしれない。しかし，大切なのは，I feel very hot in this room. という英語がどんな場面で，何を伝えようとしているのかを体感させ，コミュニケーションに必要な「やり取り」までを考えさせることである。I feel very hot in this room. Look! 38℃ in this room! などと，I feel very hot in this room. という英語が何を言わんとしているのかを考えさせ，What will you say in this scene? と考えさせる。Do you need water? などと，気が利くことを言う学習者もいれば，Let's turn on the air conditioner. と順当なことを言う学習

者もいるであろう。このようなコミュニケーション能力を学習者に付けさせたいのであって，文法的な説明や上手な訳ができる学習者を育成するのでは決してないことを肝に銘じなければならない。

2.2. 直接教授法 (Direct Method)

　直接教授法は，文法訳読法への反発として考え出された教授法である。言語機能に着目し，思考中心，教師中心の方法である。幼児の言語習得プロセスを外国語教授にできるだけ忠実に再現しようとするナチュラル・アプローチの流れを受けて生まれたものである（米山，2002）。授業において教師は，日本語を介さず，そして文構造の説明もせずに，学習者に英語の音声と意味を直接的に結び付けて理解させる方法である。しかし，母語の使用が禁じられたこと，日本人教師に極めて高い英語運用能力が要求されたこと，また，生徒も英語による教師の説明をよく理解できない問題が生じたことなど，問題点も多かった。

　この直接教授法の問題点は，現在の英語教育と重なる部分がある。文部科学省は，「授業をコミュニケーションの場とするため」に英語で授業を行うことを基本としたのに，現場では授業の全てを英語で行う「オール・イングリッシュ」(all in English) と誤って解釈され，日本語の使用は肩身が狭くなっているケースも見受けられる。また，授業をコミュニケーションの場とするためには，学習者中心 (learner-centered) かつ言語活動中心の授業となるべきだが，まだまだ教師中心 (teacher-centered) の説明型授業が多いため，英語で説明ができるほどの，極めて高い英語運用能力が教師に要求されているという誤った理解が生まれている。さらに，授業で生徒が声さえ出していれば，何となく英語の授業らしくなるため，生徒に声を出させたら内容も理解させられているかの幻想が生じる可能性がある。しかし実際は，文構造はおろか肝心の内容さえも理解がさせられていない危険性がある。日本で行われている「英語で授業を行うことを基本とする」授業は，直接教授法とは異なることに留意したい。

　とはいっても，日本語を介さず，学習者に英語の音声と意味を直接的に結び付けて理解させる方法は全く使えないわけではない。Aher によって提唱

された全身反応法（Total Physical Response: TPR）のように，教師が英語の命令文で指示を出し，生徒はその指示通りに行動で反応するという方法は，特に早期の英語教育には活用できる部分があるであろう。

2.3. パーマーのオーラル・メソッド

　Palmer（1922）により提唱され日本で生まれた教授法で，現在でもその一部はなお活用されている（望月他，2018）。Palmer は日本の英語教育改善のため，1922 年に文部省（当時）の英語教授顧問として招かれ，翌 1923 年に英語教育研究所（現在の語学教育研究所）の初代所長に任命された。それ以後，1936 年に英国に戻るまで 14 年間にわたって，オーラル・メソッドの研究と普及のために精力的に活躍し，日本の英語教育の発展に多大な貢献をした（塩澤他，2004）。オーラル・メソッドは直接法を用いており，彼の言語観は，ソシュールに強く影響を受けている（有田，2009）。Palmer にとって言語習得は，言語知識などの静的な規則を習得することではなく，日常の実践的な場面でコミュニケーションの道具として使えるような技能を体得することであった。

　Palmer のオーラル・メソッドは，以下の特徴が挙げられる。①音声指導を重視，②正確さを重視，③既知から未知へのつながりを重視，④英語 4 技能のバランスを重視，⑤段階を踏むことを重視，⑥具体的から抽象的へのつながりを重視である。

　この教授法では，本文の英語を読む前に，オーラル・イントロダクション（oral introduction）によって教材の内容について口頭導入を行う。しかし注意点として，これから読む内容を扱うため，教師が内容について話し過ぎると，これから読む英文に対する新鮮さや楽しみを学習者から奪ってしまったり，自分の力で読み取る力を阻害してしまったりすることになりかねない。飽くまでもこれから読むための目的を作るような，そして読み手の背景知識を活性化させるようなオーラル・イントロダクションであるべきである。教師の導入による新しい知識と学習者が過去の経験などからもつ既存の知識が結び付くと，スキーマ（schema）が活性化される。スキーマとは，学習者がもつまとまった既有知識である。スキーマが活性化することで，読み手は先

の展開を予測したり，思い出したりすることができる。

このように，教師のオーラル・イントロダクションが，これから読もうとする内容について，あらかじめ概略を先に提示するによって，既有知識と関連付けて理解を促すことができるという考え方を先行オーガナイザー（advance organizers）という（Ausubel, 1960）。

またこの教授法では，定型会話を行うことも特徴である。決まり（convention）に従って教師と生徒の間で行われる会話である。その「決まり」とは，「教師が質問した構文を用いて答える」，「質問の名詞は代名詞で答える」等で，生徒が英問英答にスムーズに対応できるようになることと，新出事項（新出言語項目）を定着させることを目的としている。しかし，とても機械的であり，生徒が自分の意見や考えを述べるものではなかった。

オーラル・メソッドは，音声を重視し，コミュニケーションの道具として使えるような技能を体得することを目的として，教育的配慮がたくさんみられた方法だった。しかし，当時は文法訳読法が中心で，音声教育を重視した高度な英語運用能力を必要とするオーラル・メソッドを，当時の英語教師が行なうことは現実的に困難であり，期待されたほど普及することはなかった（山口，2001）。

2.4. フリーズのオーラル・アプローチ

この教授法は Fries によって開発された教授法で，行動主義（心理）理論と構造主義言語学の二つに大きく影響された教授法である（望月他，2018）。前者は言語使用を模倣・繰り返しによる一連の習慣形成とみなすことに特色があり，後者は統語論に関しての研究はほとんどなされなかった反面，音韻論と形態論に研究が集中して，言語間の多様性を強調したことに特色がある。日本では戦後まもなく紹介され，1956 年の日本英語教育研究委員会（現在の英語教育協議会：The English Language Education Council：ELEC）の設立とともに本格的に英語教育界に導入された。Fries はこの教授法を「メソッド」でなく「アプローチ」と名付けている。メソッドは教師の指導法に制限を加えるからであり，アプローチはその目標を達成するために必要なあらゆる手段を用いることができるからである。したがって，オーラル・メ

ソッドがオーラル（口頭）で教え込むのに対し，オーラル・アプローチでは口頭だけでなく，読むことと書くことも含めてあらゆる手段を教師は用いることができると考えられている。そして，外国語を習得するということは，限られた語彙の範囲で，音韻組織と文構造の仕組みを，繰り返しの練習により自動的な習慣にすることであり，そのための練習は口頭練習でなければならないと Fries は述べている。オーラル・アプローチの特徴は，①教材は既習の項目と対比して提示すること，②目標項目を含むモデルに従って何度も反復し，暗唱すること（この段階を Mimicry-Memorization = Mim-mem とよぶ），③暗唱した基本文は語句単位で代入（substitution）したり，転換（conversion）したりを通して更に練習を重ね，正確に自動的な操作ができる段階（automaticity が形成される段階）までパターンを練習する（米山，2002）。

　Palmer のオーラル・メソッドにおけるオーラル・イントロダクションは内容を扱うものだったが，オーラル・アプローチにおけるオーラル・イントロダクションは新出の文型や文法を扱う。教師が文法や構文を明示的に口頭もしくは文字情報で指導し，それを生徒に何度も繰り返し練習させ，英語の基礎知識を習得する。

2.5. コミュニカティブ・ランゲージ・ティーチング（コミュニカティブ・アプローチ）

　この教授法は学習者に対し，言語をコミュニケーションの手段として使用できるように訓練することを目的として，コミュニカティブな活動を中心に言語を学習させる教授法である（望月他，2018）。塩澤他（2004）は，この教授法は現在の英語教授法の主流になっているが，この教授法には確定した指導法があるわけではなく，教授法といよりもむしろ英語教授のあるべき方向を示しているものであると指摘している。言語運用能力の養成も大切であるが，伝達能力を養うには体系的な方法（教授法）を確立してその指導をしなくてはいけないのである。

　コミュニカティブ・ランゲージ・ティーチング（以下，CLT）の根本には，「伝達能力は，実際にコミュニケーションすることによってこそ身に付くも

のであって教えることはできない」という考えがある。CLTにおける教師の仕事は，生徒にとにかくコミュニカティブな活動をさせることになる（塩澤他，2004）。コミュニカティブなものにするためには，①インフォメーション・ギャップ（information gap）や②ロール・プレイ（role play），③シナリオ活動が考えられる。①は，学習者同士が差のある情報をもち，コミュニケーションしながらその情報差を埋めていくものである。自分がもっていない情報を得る，あるいは自分がもっている情報を他者に与えるという，真のコミュニケーションの目的が生じるため，活発なコミュニケーション活動につなげることができる。②は，ロール＝役割，プレイ＝演技であるから，自分が与えられた役割を全うする目的が生じ，更に演技を入れることで，英語使用においても感情を込めて発話する練習となる。③は与えられた台本（シナリオ）を演じる活動である。それぞれに与えるシナリオには，互いの願望や置かれた条件を含ませておくことで，交渉や譲歩といった言語機能を用いることが求められる。

▶振り返り問題
1. 先行オーガナイザーとは何か説明しなさい。
2. 英語を指導の媒介とする教授法には，どのような教授法があるか説明しなさい。

▶ Discussion Examples (No.6)
日本語を介さずに，英語で授業を行う際に気を付けるべき点は何であろうか。

Aさん　英語で授業を行う際，しっかりとコミュニケーションの場となっているかということに気を付けるべきだと思います。私が学習者の立場だったら，英語の説明が多くなったら集中できるか不安だし，それこそ文法の説明などを，英語を使って説明されたら理解できるか不安です。

Bさん　私が英語教師だったら，生徒がたくさん英語を使うような授業になるよう気を付けたいです。先生ばかりが英語を使っても生徒が使わなければ，生徒の英語力は伸びないと思います。それに先生ばかりが英語を使う授業だと，先生も負担となり疲れてしまう気がします。

第4章　第二言語習得論

　第二言語習得 (Second Language Acquisition: SLA) とは，人間がどのように第二言語を学習するかに関する理論や仮説です。SLA 研究は，言語学，社会言語学，心理学，神経科学や教育学など様々な研究分野と密接に関連しています。本章では，英語教師と学習者の双方の視点から，効率のよい効果的な英語指導法・学習法についてみていきましょう。

> ▶ **Discussion Points**
> No.7　英語がうまくなる人と，うまくならない人には，どのような個人差が考えられるであろうか。
> No.8　あなた自身が他者に勧める効果的な英語学習方法とは何であろうか。

▶ **Keywords**: 普遍文法/モニターモデル/インプット仮説/アウトプット仮説/インタラクション仮説/フォーカス・オン・フォーム/気付き/PCPP メソッド/心的表象/状況モデル

　SLA 研究は，言語学のみならず，心理言語学，社会言語学などの知見も総動員して，第二言語習得のプロセスやメカニズムを解明する理論や仮説であり，1960年代頃から発展してきた。まずは第二言語習得のプロセスやメカニズムを概観し，その後で SLA 研究に基づく効果的な英語指導法・学習法をみていく。英語の授業の流れについて，従来のような教師中心の演繹的

学習では，学習者が言語形式（文法）の知的学習を行う Presentation → Practice → Production（PPP）という流れであった。しかし第二言語習得の見地では，コミュニケーション（意味のやり取り）を通して言語形式を使っていく，学習者中心の帰納的学習を行う Presentation（気付き）→ Comprehension（理解）→ Practice（内在化）→ Production（統合）という流れが効果的だとされる。村野井（2006, p.9）によると，気付き，理解，内在化，統合などの認知プロセス（内的変化）を経ることによって，段階的に学習者の言語知識として定着し，最終的にはアウトプットする力につながるという。まずは SLA 研究に基づく，インプット，アウトプット，インタラクションの考え方について概観する。

1. 言語の本質

1.1. 言語獲得装置

　人間が言葉を使えるようになるのは，先天性（獲得）又は後天性（学習）のどちらの要素であろうか。アメリカの言語学者 Chomsky は，人間は生得的に言語獲得装置（Language Acquisition Device: LAD）を脳内に備えており，英語なら英語の個別言語の情報を入力（input）し，出力（output）としてその言語に関する文法知識へ変換する働きをもつと提唱した。つまり，その言語の文法の原型になるような何かを生まれながらにもっているという考え方で，普遍文法（Universal Grammar: UG）ともいわれている。UG は人間の言語の基本設計であり，言語獲得装置の中心をなすものである（中島他, 1999）。子どもは言語刺激を通して何が文法的な文となるのかの仮説を立て，そこから言葉の規則を導き出すとされる。言語獲得装置によって，抽象的な言葉の規則を基本的な文法の形へ変換する働きをし，言葉を直接的に教えられることがなくとも，なぜ母語獲得ができるのかを説明できる。

　一方で，言語は後天的な刺激によるものだとする立場には，Sapir（1921）や認知言語学論者がいる。

1.2. インプット仮説

　SLA 研究における第一人者の一人である言語学者 Krashen は，1970 年〜80 年代にかけて，「モニターモデル」あるいは「インプット仮説」とよばれる五つの仮説からなる第二言語習得のモデルを提唱した（Krashen, 1982）。

① 習得対学習の仮説（Acquisition vs. Learning Hypothesis）
　第二言語習得に関して，習得（acquisition）と学習（learning）を区別した。母語の場合と同じように，言語を自然かつ無意識に学ぶプロセスを「習得」とし，意識的な「学習」と区別した。コミュニケーションでの流暢さ（fluency）は，習得によるものであると考え，学習をしてもコミュニケーションの流暢さにはつながらないという主張である。これは，学習しても習得にはつながらないというノン・インターフェイス（non-interface）の立場であった。
　しかしながら，意識・無意識とは何かということや，この仮説が認められれば，L2 として学習することには効果がないということになり，大きな問題を提起した。

② インプット仮説（Input Hypothesis）
　学習者の現在のレベルの言語能力を i とすると，それよりも少し高いレベル（i＋1）の理解可能なインプットを大量にインテイクさえすれば十分だと主張した。
　Krashen はこの仮説を基にして，発話は習得の結果であり原因ではないため，発話は直接教えることはできないと考えた。つまり，大量で理解可能なインプットを取り込んだ結果として自然に発話するものだと主張し，アウトプットそのものは第二言語能力の向上には影響しないとした。
　「i＋1」というレベルの概念はあいまいであり，具体的にどのようなインプットを指しているのか不明であるという批判をあびたが，たとえ同じ学校に所属する生徒であっても，言語能力（i）は千差万別であり，それよりも少し高いレベル（i＋1）こそ更に千差万別である。i＋1 という考え方は，第 5 章で触れる最近接発達領域（ZPD）という概念に近いが，教師が自分の目で

学習者の能力を把握し，どうやったらもう一つ上のレベルが設定できるのかを考えることにこそ意味があるだろう。

　現在の SLA 研究においては，インプットは第二言語習得において「必要」であるが「十分」ではないとする考え方が主流となっている。インプットのみならず，アウトプットも言語習得に貢献すると考えられている。いわゆる「英語のシャワー」を学習者にあびさせるだけでは足りないのであって，教師だけが授業時間の大半を英語でしゃべり続けていても駄目なのである。日本の教育は，教師が前に立ち，生徒は静かに座って話を聞くという慣習が根強い。それでは駄目で，次セクションのアウトプットをさせるような授業でなければならない。

③　自然な習得順序の仮説（Natural Order Hypothesis）
　子どもの第一言語習得には一定の順序があるように，第二言語習得には一定の順序があるという仮説である。明示的な文法指導をしても，実際の習得の順序には反映されることがないと考えた。

④　情意フィルター仮説（Affective Filter Hypothesis）
　Krashen は，学習者の不安や自信のなさ，動機付けの低さといったネガティブな感情が，フィルターのように言語習得の妨げとなるとした。本書第5章で詳述する。

⑤　モニター仮説（Monitor Hypothesis）
　コミュニケーションにおける流暢さは「習得」によるものであると考え，学習された文法規則や文型は，自分の文法の正確さをチェックするモニターとして機能し，自らの発話に修正を加えたりする際に使われると考えた。

1.3.　アウトプット仮説

　アウトプット仮説（Output Hypothesis）とは，カナダの応用言語学者である Swain（1985）が提唱した説で，相手にわかるように伝える（話したり，書いたりする）こと，つまり理解可能なアウトプットをすることによって言

語習得が促進するという考え方である。インプット仮説では，必要なのはインプットのみであるという考え方をみてきたが，このアウトプット仮説が登場するまでは，アウトプットそのものが学習者の言語習得の知識を生み出すものとはみられていなかった (Gass & Selinker, 2008)。カナダでは1960年代頃から，ケベック州でフランス語が公用語であることから，家庭で英語を話す子どもが，幼稚園や小学校などの授業の全て又は一部をフランス語で受けるイマージョン・プログラム (immersion program) が始まっていた。イマージョンとは「浸すこと」を意味しており，文字通り，目標言語（この場合はフランス語）漬けの教育である。体育など語学系科目以外も目標言語で教育を受ける。Swainは，このフランス語のイマージョン・プログラムを調査した結果，インプットだけでは学習者が話す言葉の正確性に欠けるため不十分であり，インプットだけでは言語を習得できず，アウトプットも必要と主張した。しかしながら，これはインプットを否定しているわけではない。

では，アウトプットをすることによって，インプットだけの場合とどう異なるのであろうか。アウトプットをさせることで，学習者に①「気付き」を与え，②仮説検証 (hypothesis testing) の機会を作り，③メタ言語 (metalinguistic) の機能を働かせられるものと考えられる。①は，インプットの段階では，自分は理解していたつもりなのに，実際にアウトプットしてみると思ったより産出できないことに気付いたりすることである。②については，学習者は何かを話したり書いたりなどアウトプットをする際に，語彙使用が正しいか，文法は適切かなどの「仮説」を暗に含めており，自分が発した言葉に対し，相手からフィードバックを得ることでその仮説を検証し，必要に応じて修正していくことである。③は，学習者がアウトプットした言語について自分で意識的に分析できることである。学習者が自身のアウトプットを制御したり，言語に関する知識を内面化したりできることである。

英語教師であれば，インプットだけでなく，このようなアウトプットの重要性は認識しているであろう。しかし，実際の授業となると，教師の一方的な説明ばかりになりがちである。学習者のアウトプット不足は，定期試験の採点などの際に，「教えたのにできてない」という結果をみたときに，顧み

ることが多いのではないだろうか。

1.4. インタラクション仮説

　アメリカの言語学者の Long（1985）はインタラクション仮説（Interaction Hypothesis）を唱えた。意味のやり取りの際，聞き直したり，確認したり，言い換えたりする過程で意味交渉（negotiation of meaning）が行われ，言語習得が促進されると考えられている。自分のアウトプットは相手のインプットとなり，学習者同士の交互作用によって相乗効果となるため，インタラクションの果たす役割は非常に大切といえる。インタラクションをしていると，学習者は，相手に伝わるためにはどうしたらよいか，伝わらなかった場合にどうするべきかを考える。このような互いに理解しよう，または，理解してもらおうと努力する（交渉する）ことで，理解可能なインプットの効果を増大させるのである。

　このインタラクション仮説は，自分のアウトプットは相手のインプットとなるという重要な点を指摘しているが，まさに教室が学び合いの場となることを意味している。

1.5. フォーカス・オン・フォーム

　Long はさらに，コミュニケーションや意味理解を中心とする活動のなかで，語彙や文法構造などの言語形式に注意の焦点を向けさせるフォーカス・オン・フォーム（Focus on Form: F on F）という新たな指導概念を提唱した。和泉（2009）によると，フォーカス・オン・フォームの特徴は，①意味あるコンテクストの中で学習者の注意を必要な形式面に向けさせていくこと，②実践的かつ正確な言葉の使い方を教えること，③意味あるコミュニケーションの場が大前提であること，④コミュニケーション活動と文法学習を統合すること，⑤単なる量的な操作による両者のいいとこ取りではないことが挙げられる。

　日常生活において，この表現（語彙・文法）を使って何か（内容）を言ってみようかなという場面，つまり言葉が先にあって内容を後付けで作り出すことは稀であろう。何か（内容）を伝えたいと思い，場面や相手を考慮しな

がら，どのように伝えれば相手に理解してもらえるかを考え，表現（語彙・文法）を選択しているのである。特に目標文法の導入において，例えば，「have＋過去分詞」は「～したことがある」というように，教師は「形式」や「訳の一例」から教えがちである。これを意味のあるコンテクスクストの中で，意味のやり取りをしながら，言語形式に注意を向けさせていくのがフォーカス・オン・フォームの考え方である。

2. PCPPメソッドとは

　第二言語習得における，気付き・理解・内在化・統合などの認知プロセスを具現化した授業プロセスを PCPP メソッド（PCPP method）とよぶ（前田，2012, p.86）。第二言語習得の理論と現場の実践を結び付ける有効な指導法として PCPP メソッドが有効なのである。教科書を用いた内容中心の指導は，提示（Presentation），理解（Comprehension），練習（Practice），産出（Production）の PCPP の流れで行うことによって，「従来の英語指導法を抜本的に変更せずに行うことが可能」であり，それは「第二言語習得の認知プロセスに効果的に働きかけると予測することができる」（村野井，2006, p.18）といわれている。

　第二言語習得の観点からみても，最初の提示（Presentation）で「聞いたり」あるいは聞いたことに関して「話したり」して，次の理解（Comprehension）で「読んで」内容を確認し，練習（Practice）で文字として読んだものを音声と結び付けたり，ターゲットの文法について確認し，最後に産出（Production）で実際にコミュニケーション活動の中で使ってみるというプロセスは理にかなっている。最初の提示（P）が主にインプットとなり，次の理解（C）と練習（P）でインテイク（intake）処理が起き，最終的には産出（P）でアウトプットに向かって行くのである（村野井，2006, p.9）。

　PCPP メソッドは，文法項目の指導手順として用いられている P（Presentation）P（Practice）P（production）という流れに，C（Comprehension）を加えたもので，現在の日本国内で広く用いられている導入・練習・産出の指導手順を応用した指導法である。内容中心の PCPP を実践することは，

全く新しい指導法を英語教師に迫るものではなく，日常的に行われている授業にほんの少しの手直しをして，幾つかの活動を組み込むことによって効果的に英語運用能力を伸ばす指導法である。

次の表 4.1 は第二言語習得の認知プロセスと PCPP による第二言語指導の関係まとめたものである。

表 4.1. 第二言語習得の認知プロセスと PCPP による第二言語指導の関係

インプット (input) ↓ ↑ 理解 (comprehension) ↓ ↑ 内在化 (intake) ↓ ↑ 統合 (integration) ↓ ↑ アウトプット (output)	P = Presentation オーラル・インタラクション/新出語彙の導入
	C = Comprehension 黙読/ペアやグループで内容の確認/Q & A などによる内容理解
	P = Practice スペリング練習，有意味な文法練習/本文のリスニング/本文の音読
	P = Production 産出活動（コミュニケーション活動）

(村野井, 2006, p.23 を参考に作成)

P, C, P, P の各段階は独立したものではない。例えば，提示 (P) をとってみても，インプットと理解にまたがっている。提示 (P) では，「聞くこと」で終わらずに，聞いて「話す」ことも考えられ，アウトプットの要素も含んでいる。また，アウトプットの段階で，教師からリキャスト (recast) されることがあれば，統合や内在化を助けることになる。つまり，インプットからアウトプットに一方的にたどるのではなく，相互で補完し合い，総合的に第二言語習得の認知プロセスが進むといえる。これは学習指導要領が目指す「言語活動を有機的に関連付けつつ総合的に指導する」という流れに沿っている。この PCPP の流れにかかわる主な技能は，提示 (P) ではリスニングやスピーキング，理解 (C) ではリスニングやリーディング，練習 (P) ではスピーキングやリーディング，そして産出 (P) ではライティングやスピーキングなどの統合的な技能である。

3. PCPP 教授法の具体的な手順

3.1. 提示 (Presentation)

「提示」とは「題材内容に関する背景知識を活性化する活動」(村野井, 2006, p.19) と定義され，Pre-reading 活動ともいわれる。英語での指導では，オーラル・イントロダクション (oral introduction) やオーラル・インタラクション (oral interaction) の形をとり，これから読む題材の内容に関する背景的知識を活性化する目的がある (村野井, 2006)。この中で，内容に焦点を当てながら，目標文法や新出語彙等を帰納的に提示する。もちろんこの段階では，学習者が目標文法や新出語彙の意味を把握することは難しくても，学習者の目や耳に残るような「気付き」を与えられたら「提示」としては成功である。学習指導要領では，読む目的を作ることが重要であると指摘されている。英文がそこにあるから読むのではなく，読む「必要性」や読みたくなるような「目的」をこの提示のステップで作っていく。背景知識を活性化するという点では，これから読む内容と学習者の興味や関心，生活などと結び付けることが大切である (村野井, 2006)。例えば，海洋汚染の話題などは重要な問題ではあっても，日常の児童・生徒の生活とは遠いものである。しかし，学習者が日常生活で捨てているプラスチックごみを参考に，どれだけのプラスチックごみが日本国内で捨てられているかを調べさせる。海洋に漂うプラスチックごみの約 8 割は，我々が生活する陸上で捨てられたものであることを教師が提示する。そしてオーラル・イントロダクションの最後に，プラスチックを誤って飲み込もうとしている海洋生物の写真を投影する。What should we do to change this situation? などと問を投げかけて，本文のリーディングに入っていく。

第 3 章でみたオーラル・アプローチ等の言語項目をコンテクストから切り離して指導した言語構造中心の指導法とは異なり，内容を重視し，言語の形式 (form)，意味 (meaning)，機能 (function) を統合的かつ帰納的に提示することが重要視されている (村野井, 2006)。もしこの海洋汚染の内容に，言語形式として仮定法が目標文法であれば，If we couldn't eat fish at all, what our eating life would be like? と投げかけたり，言語形式として現在

完了形が目標文法であれば，The amount of plastic garbage has been increasing. と投げかけたりできる。学習者は内容的に理解できているところに，先の仮定法の例で「先生はなぜ couldn't や would と過去形を使ったのだろう」とか，先の現在完了形の例で has been という英語が，学習者の目や耳に残ったら成功である。この提示で，学習者の目や耳に投げかけられたものが「気付き」となり，本文を読んで更に目標文法や語彙に目がとどまり，後の「理解」や「統合」で内在化，つまり自分自身の言葉となってコアが形成されていくのである。

　帰納的な言語形式の導入は，生徒にとってその目標文法や新出語彙が実際のコンテクストの中でどのような言語機能をもつか理解しやすくなり，言語学習で重要な気付きが生まれる。教師から明示的に説明を受け，教え込まれたものは忘れやすいが（第5章，エビングハウスの忘却曲線を参照），体験や経験したことは深く記憶に残るものである。教師による目標文法や新出語彙の明示的な説明は必要ではないということではなく，できるだけコンテクストと学習者の気付きを利用した帰納的な提示の後で，明示的な説明がなされるべきである。明示的説明が文法習得を促進するかどうか議論はあるが，帰納的な提示によって形成された生徒の中間言語に対し，学習者の「あれはどのような意味だったのだろう」とか，「なぜこんな言語形式になるのか」といったあいまいさを解決するために，明示的説明によって確認すること（種明かしをすること）は有効である。日本語を使用した明示的説明は，意味の確認，意味の確定の段階でするべきであって，最初から日本語で明示的な説明をして目標文法を使わせようというのは，ベクトルが逆である。

3.2. 理解 (Comprehension)

　「理解」とは「教科書の題材内容の理解を中心とした聴解活動及び読解活動」と定義され，リスニング，リーディングどちらに関しても，情報やメッセージを理解する活動を意味する（村野井，2006）。内容理解のための聴解活動とは，教師やCDの音声を聞いて，その後に続けて本文を音読することで区切れ目が確認できたり，ストレスやイントネーションが把握できたりすることで，音から英文の意味を理解しやすくすることができる。読解活動

に関して，まずは概要と要点をつかませる指導が大切である。概要とは，読んだ英語のおおよその内容や全体的な流れのことであり，要点とは，書き手が伝えたい主な考えなどの読み落としてはならない重要なポイントである（文部科学省，2018c, p. 25）。概要と要点をつかませる指導として，大まかな意味をさっと把握するスキミング読み（skimming）や特定の情報を探しながら読むスキャニング読み（scanning）が考えられる。この段階では必ず学習者に「黙読」の時間を与えたい。黙読は，一方的に音声が流れる聴解とは異なり，「読み戻り」ができるため，たとえ言語的に難解な部分があっても推測や推論力が働くこともある。そして黙読は，だれにも邪魔されない筆者とのコミュニケーションとして大切な時間でもある。

　黙読が終わった後，学習者に対し，「どんな情報が書かれていた？」と大きな発問をしてペアで情報交換させることも有効である。互いに自分には読み取れなかった情報を補い合う意味もあるし，学習者同士で「こんなことも書かれていたよね」と深め合う学びの時間となるであろう。

　内容理解を深めるために，スラッシュ・リーディング（slash reading），重要な語句を探し当てるキーフレーズ読み（key-phrase reading），理解度確認などの多様な意味重視の読解活動をしたりすることが考えられる。ただし，内容理解の発問に関して，どのような熟達度の学習者に対し，どのような発問をするとよいのかを検証した Maeda（2017）によると，学習者にとって易しめの英文において事実発問を過度に行うと，理解度が低下したことが明らかとなっている。確認のための過度な発問によって，読解のプロセスが阻害されたためと考えられる。発問に関しては，学習者の熟達度とテキストの難易度も考慮に入れる必要がある。

　この段階では，字義通りの解釈を正確に行うことを目標にするとともに，推論生成も行えるよう指導したい。当てずっぽうのような当て推量（guessing）をするのではなく，書かれている根拠を基にして，因果関係を推測したり，過去の体験や経験から書かれていることと結び付けて先の結果を推測したりする「予期的推論」（predictive inference）が読みを深める。邑本（2000）は，「英語が読めるということは，どのくらい豊かな推論を生成することができるかに依存する」と述べている。豊かな推論が「英語が読め

ること」につながるのである。情報と情報を統合し，場面や状況を描くような読み手の育成が大切であって，ただ単に情報を早く探し出す能力を付けさせればよいのではない。

　「言葉を理解する」とは状況モデル (situation model) を構築できることである。悲しい話を読めば涙が，面白い話を読んだら笑いが出てくるのは，言葉を通して入った情報が，心の中でその場面や状況のイメージとして残った状態である。聴覚的情報にしても，視覚的情報にしても，情報の処理は目に見えない心の中で行われるから，心の中のイメージということで，この記憶表象のことを心的表象 (mental representation) とよぶ。Kintsch (2004, p.1271) は，心的表象を「心の中に（聞いたり読んだりしたものの）痕跡が残る」と表現し，インプットによって心の中で変化が起きることだといっている (望月他, 2018, p.150)。英語学習者の最終目標の一つは，英語を聞いたり読んだりして，豊かな心的表象を描き，状況モデルを構築することだと考えられる。悲しい話に涙を流して，そしてまた幸せな話には笑顔で聞いたり読んだりできる学習者の育成が求められる。

3.3. 練習 (Practice)

　「練習」は，「運用能力を高める練習」(村野井, 2006, p.21) と定義され，文字から音声，短期記憶から長期記憶へと結び付ける「内在化」や「統合」などの重要な第二言語認知プロセスを促進する活動である。この段階では，意味あるコンテクストの中でターゲットとなる文法項目などの練習を行うことが考えられる。この段階の「練習」は内容理解活動から産出活動への橋渡し的役割を果たすものであり，言語知識の「内在化」や「統合」などの重要な第二言語認知プロセスを促進する活動となる。テキストの音読によって，内容の再確認，意味と音声，文字と音声を統合する活動でもある。音読をさせることで，「文字から音声，短期記憶 (short-term memory) から長期記憶 (long-term memory) へ変えていく」，「より流暢さを求めていく」という視点がとても大切である。卯城 (2011, p.117) は，音読が単なる声出しに終わらないよう，そして内容理解が伴わず，ただ目を動かしている空読み (eye mouth reading) を防ぐためにも，音読している部分を指でなぞらせること

を提案している。音読は目的に合わせ，かつ，様々なタイプの音読練習を組み合わせて行うことが大切である。第9章でも述べるが，リード・アンド・ルックアップ，パラレル・リーディング，シャドーイングなどの多様な音読活動を行うことで，音韻ループが形成されていく。音韻ループ（phonological loop）とは，理解処理の過程で，意味処理は一度音声に変換されるというメカニズムである。自作のプリントを用いて，スラッシュごとに日本語の意味を併記した本文を見ながら音読するサイト・トランスレーションも，先に説明した「理解」の段階では内容把握しきれなかった部分の理解に役立つ。

　この練習の段階では，エクセサイズ（exercise）とタスク（task）を区別したい。語句の並べ替えや括弧の穴埋めは，正解が決まっている機械的なエクセサイズである。一方，タスクは場面設定や乗り越えるべき挑戦課題が設定されており，原則として語彙や文法の選定も学習者に任される。しかしどの語彙や文法を使ってもよいとなると，新出語彙や目標文法の練習にならない可能性があるため，ターゲットとなる語彙や文法が自然に使用せざるを得ないようなタスクを作成する教師の力量が必要となってくる。例えば，「あなたはホテルのフロントに勤める従業員です。お客様から部屋のシャワーが出ないと苦情の電話がありました。すぐに対応してください」というタスクを設定する。このタスクでは，シャワーの不備について「謝る」ことが必要であり，修理するなり部屋を移動してもらうなりを判断し，「提案する」ことが出てくるはずである。言語機能として「謝罪」と「提案」が必要であり，それを実現する言語形式が必要となってくる。この例のように，特定の言語機能を使用せざるを得ないタスク設定を行えば，目標の言語形式（文法）の練習をさせることができる。もちろんエクセサイズのような言語練習の必要性は否定しないが，機械的な練習に終始することなく，タスクのような有意味な練習により，学習者は次の段階である「産出」で必要な知識や使える技能の運用能力を身に付けることができる。

　リテリング，プラス・ワン・ダイアログ，ライティングあるいはスピーキングでの内容の要約，ディクトグロスも有意味な「練習」である。

3.4. 産出 (Production)

「産出」は,「意味ある題材内容について考えたことや学習した事柄を応用して表現したりすること」(村野井, 2006, p.22) が主な活動である．読んだことについて感想や意見を書いたりするなど，複数スキルによる統合活動であり，そうすることで読みの活動自体が活性化される (門田, 2010)．村野井 (2006) はこの段階を，教科書を用いた内容中心の教授法の核となるPCPPの最後の段階と位置付けている．題材内容に関して理解をして，音読や文法練習を重ねた後に，読んだ内容を自分の英語で要約したり，リテリングして再生 (recall) したりすることも考えられる．これらの活動は，学習内容の「内在化」と「統合」を促す上で重要となる．探求によるプロジェクト型タスクは英語での産出を促す言語活動として効果的である．

▶ 振り返り問題

1. 第二言語習得における「気付き・理解・内在化・統合」のプロセスについて説明しなさい．
2. エクセサイズとタスクの違いを説明しなさい．

▶ Discussion Examples (No.8)

あなた自身が他者に勧める効果的な英語学習方法とは何であろうか．

Aさん　私が勧める効果的な英語学習方法は，シャドーイングです．意味がすでにわかっている英文を使って，同じ内容の英文を繰り返しシャドーイングしています．発音の矯正になっていると思いますし，会話をしているとき繰り返しシャドーイングで頭に入ったフレーズがすっと出てくるときも多くあります．私はスクリプトを見ながらシャドーイングするのがお勧めですが，スクリプトを見ないでするのとどちらが効果的なのか調べてみたいです．

Bさん　私のおすすめの英語学習法は，リーディングのとき，重要な箇所に下線を引いてインプットを強化する方法です．英文を読んでいて最初に何が書かれていたか忘れてしまうことが以前はあったのですが，下線を引くことで記憶の定着も図れますし，読み返すときも手掛かりになります．全体を読み終えた後，下線部だけをつなげて読んでその話の要旨となっているか確かめたり，要約文を作成したりすることで，更に英語力がついたと思います．

第5章　英語学習者

　英語教師にとっても，だれもが英語学習者の道をたどってきたのであり，また学び続けることの重要性を考えると，現在も英語教師であり英語学習者でもあります。本章では，英語学習者についてその特徴を概観し，特に学習者不安を減少させるにはどのような指導が必要か，主体的に学び続ける学習者を育成するにはどうしたらよいかを考察します。

> ▶ **Discussion Points**
> No. 9　英語を学習していて，学習者はどのような不安を抱えるだろうか。
> No. 10　「人前で話すのが不得意なのです」とうったえる学習者にはどのような教育的配慮ができるであろうか。

▶ **Keywords**: 統合的動機付け・道具的動機付け／自己決定理論／内発的動機付け・外発的動機付け／情意フィルター仮説／中間言語／化石化／協働学習／あいまい耐性／メタ認知／ストラテジー／エビングハウスの忘却曲線／ワーキング・メモリ／トレードオフ

1.　英語学習に成功する学習者としない学習者

　日本人英語学習者の多くは，EFL として学校で英語を学習してきている。学習者たちは，学校にておおよそ同じ時期から，均質の検定教科書を用い，均質の教員養成課程カリキュラムで学修した教師が学習指導要領に基づいて

行う授業を受けているはずである．それでも日本人同士の中で，英語学習に成功する学習者としない学習者が出てくるのであって，そこには個人差が存在する．白井（2004）によると，個人差として①学習動機の強さ，②外国語学習適性が関係するという．

1.1. 学習動機の強さ

SLA 研究における「動機付け」の研究は，1950 年代から，Gardner らを中心として行われてきた．Gardner は，統合的動機付け (integrative motivation) と道具的動機付け (instrumental motivation) という考えを提唱した．統合的動機付けとは，目標言語を話す集団の中に社会的，文化的，精神的に溶け込みたいという気持ちから学習する場合を指す．例えば第 1 章で述べたとおり，映画や音楽も含めた文化に惹かれたり，ドラマやアーティストなどに影響を受けたりして，その目標言語を学習することである．それに対して，道具的動機付けとは，社会的地位を得たい，試験に合格したいなど，ある目標を達成する手段として目標言語を学習する場合を指す．これについても第 1 章で述べたとおり，企業内で英語を社内公用語とした場合，昇進や昇給するには特定の英語スコアが必要となったりして利益が関係してくるため，目標言語を学習せざるを得ない場合が多い．統合的動機付けと道具的動機付けのどちらが第二言語習得の成功に結び付くかについては多くの議論があるが，長期的にみると統合的動機付けの方が重要であると考えられている (Gardner & Lambert, 1972)．

では，日本人英語学習者の学習動機に関する実態はどうであろうか．ベネッセ総合教育研究所が行った調査によると，中学生の英語学習動機について，約 8 割の生徒が「中学生のうちは勉強しないといけないから」と回答しており，「英語のテストでいい点を取りたいから」，「できるだけよい高等学校や大学に入りたいから」と続いており，道具的動機付けの要素が強いことが明らかとなっている．しかしその一方で，同研究所が行った「高 1 生の英語学習に関する調査 (2015-2019 継続調査)」では，「英語の歌を聴いたり歌ったりする」と回答した高 1 生が 7 割弱いることがわかり，統合的動機付けの要素が全くないわけではない．つまるところ，中学校段階の英語学習者

の生活や社会環境は，家族や友人，地域にとどまる狭いものであり，どうしても「目の前にあるもの」のために英語学習を行う動機になりがちである。行動範囲が広がり，外の世界へのつながりができてくるにつれて，統合的動機付けの要素が出てくるのであろう。日本では，小学校3年生から教科外の「外国語活動」が始まり，外国語学習への動機付けを高めようと意図されている。外国語の音声や，基本的な表現に慣れ親しむとともに，多様な文化や価値観に触れさせ，言語学習に対する統合的動機付けも高めさせたい。

　また，動機付けについて，1985年に，アメリカの心理学者 Deci と Ryan が提唱した自己決定理論 (Self-Determination Theory: SDT) も有名である。この理論では，自己決定が他者の影響が強いのか，それとも自律的な決定によるものなのかによって，外発的動機付け (extrinsic motivation) と内発的動機付け (intrinsic motivation) に分けられている。外発的動機付けとは，報酬や評価，罰則や強制などの，他者や外部からの働きかけによって得られるものを行動の動機とするものである。例えば，目標得点を達成すると親からお小遣いがもらえるなど，目標達成のための動機付けである。その一方で，内発的動機付けは，学習に対する興味や関心，好奇心など，自分自身の感情から動機付けとなるものを指す。英語を学習していて，楽しさや喜び，目標を達成したときの達成感も内発的動機付けの特徴である。

　教師や親などから押し付けられた目標などの外発的動機付けでは学習者のモチベーションは高まらず，学習者個人の選択や感情を承認し，学習者に自己決定の機会を与えることが重要である。自律性をより強く感じられ，内発的動機付けを高めることが学習の成功に関連することから，英語学習においては要所において，学習者個人が達成したいこと，頑張ってみたいことなどを自己決定させる機会を作りたい。

　「統合的動機付けと道具的動機付け」及び「外発的動機付けと内発的動機付け」は，別々の枠組みの理論である。これまでみてきたように，前者は学習者個人内で学び自体が目的となっているのか，それとも別の目的を達成するための道具（手段）となっているかである。後者は，学習の目的や目標決定が，他者の影響が強いのか，それとも自己の決定によるものなのかである。

1.2. 外国語学習適性

　外国語学習適性 (language aptitude) とは，外国語習得のしやすさのことであり，英語を学習するに当たって言語学習の向き，不向きの程度である。アメリカの心理学者 Carroll は，「言語適性」を，外国語を学ぶ才能 (ability) であり，コツ (knack) と定義付け，だれもがこの能力をもっているが，ほかの人と比較して学習速度が速い人もいると述べている。言語適性は，①音声符号化能力 (phonetic coding ability)，②文法に対する敏感性 (grammatical sensitivity)，③暗記学習能力 (rote learning ability)，④帰納的学習能力 (inductive learning ability) という四つの能力から構成されると主張した (Carroll, 1981)。①は音の単位である音素 (phoneme) や関連する音声記号を知覚する能力である。英語の例として L と R の発音が挙げられる。英語の L と R の発音は全く別の音素であり，発音記号としても [l] と [ɹ] という発音記号で表すことができる。②については，文中の語彙要素の機能を認識する能力である。例えば，She will come. と She would come. とでは，will と would の文法的差異（助動詞のもつ行為実現可能性の差異）を理解できるかである。③については，新たな言語の語と母語の意味との関連付けを学び，記憶保持する能力であり，新出語彙や文法など一定の「覚える」作業を伴う外国語学習では常に関係するものである。これについては「ワーキング・メモリ」(working memory) の項で詳しくみることにする。④に関しては，言語の構造を規定するルールを推測又は誘導する能力である。例えば，Akari likes tennis. She is playing tennis now. Her friends are playing with her. と聞いて，今 (now) のことは be 〜ing を使って表現できるのかなという「規則」を推測し，一般化できることである。この能力を引き出すには，ある程度の量の例文が必要であり，少なくとも規則を引き出すのであるから，2 文以上で文脈がわかる例文が好ましい。

　Carroll らは，「言語適性」を測定することができる MLAT (Modern Language Aptitude Test) を作成した (Carroll & Sapon, 1959)。MLAT の目的は，ある個人がほかの個人と比較して，一定の時間と条件のもとで，外国語をどの程度学習できるのかを予測することである。この検査は，外国語学習障害 (FLLD) の診断に役立てられており，アメリカなどの国の政府機関に

おいて，語学研修プログラムのための人材選抜や政府機関が様々な言語の訓練に人員を配置する際に用いられている。例えば，この検査で高得点を取った場合，より難しい言語，つまり英語との類似性が低い言語（アラビア語や中国語など）に該当職員を配属するという判断に用いられている。表5.1のように，言語学習適性に関する要素を含んだ5パートから構成されている（Language Learning and Testing Foundation の Web ページを参考に作成）。

表 5.1. MLAT のパート

Number Learning	新たな言語での数字の言い方を聞いて学び，応用させる問題。 （例）"ba" は 1，"baba" は 2，"dee" は 3，"tu" は 20，"ti" は 30 を表す。したがって，"tu-ba" は 21 である。では，ti-ba, ti-dee, baba, tu-dee はいくつか？
Phonetic Script	発音とその綴りとの対応関係を学び，応用させる問題。 （例）四つの音節があり，各音節は音声的に「bot, but, bok, buk」と綴られる。問いの音声を聞いて，聞こえた一つの音が，四つの綴りのうちどれかを選んで答える。
Spelling Clues	通常の綴りではなく，発音とほぼ同じ綴りで書かれた語を考え，その綴りから連想する単語を見分ける問題。 （例）restrnt という綴りを見て，restaurant を想像し，選択肢 [food / self-control / sleep / space explorer / drug] の中から，関連する語である food（食）を答える。
Words in Sentences	key sentence とよぶ 1 文目を読み，大文字かつ下線を引いた語について，別の文中で同じ機能を果たす語を類推（analogy）する問題。 （例）<u>JOHN</u> took a long walk in the woods. 　　(A) <u>Children</u> in blue (B) <u>jeans</u> were (c) <u>singing</u> and (D) <u>dancing</u> in the (E) <u>park</u>. 2 文目を見ると「人」は Children だけであり，1 文目の JOHN は (A) と関連付けることができる。

Paired Association	2分間で「マヤ語と英語」がペアとなった24の単語を暗記し，その後，マヤ語又は英語どちらか一方が提示され，対応するもう一方の単語を答える問題。 (例)"c?on ―gun""si? ―wood""k?ab ―hand""kab ―juice""bat―ax""pal―son"の対応関係を素早く暗記し，その後 bat を見て，対応するものを，選択肢〔animal / stick / jump / ax / stone〕の中から ax と答える。

2. 学習者不安

2.1. 情意フィルター仮説

　Krashen は情意フィルター仮説の中で，第二言語習得の成功に関する感情として，動機 (motivation)，自信 (self-confidence)，不安 (anxiety) の三つの要素を挙げており，動機が高く，自信があればあるほど情意フィルターは低くなり，言語習得に成功しやすくなる一方で，不安が強いと情意フィルターは高くなり，言語習得の妨げとなるとしている。

　英語学習は楽しいものである一方で，緊張感を伴う場面も多い。教師から問いが投げかけられ，学習者が「自分が指名されるかもしれない」という緊張感，クラスの仲間の前で発表するときの緊張感などである。個人で発表させる前に十分なリハーサル（第10章参照）を行わせる間（ま）を取ったり，ペアやグループなど少人数の前で発表する場を積み重ねたり，少しでも学習者の情意フィルターを低くする方策が大切である。

　「人前で話すのが不得意なのです」という学習者に関しては，教師はまずこの声に対して十分に耳を傾け，不得意の「中身」を分析する必要があろう。①休憩時間も含めてふだんから声を出すことが苦手なのか，②日本語では問題ないが英語という言語的な問題なのか，③それとも言語に関係なく意見を求められることが苦手なのか，④他者の目が気になる性格なのかなど，不得意の「中身」は千差万別である。①であれば，図のように，教卓から教師が少しだけ★印の該当の学習者に歩み寄ってあ

教卓
★学習者

げればよい。そして「こんなによい意見を言っているよ」と，教師が，ほかの児童・生徒たちに聞こえるように，該当の学習者が言ったことを復唱してあげればよい。この時に教師が該当の学習者の直近まで行き過ぎると，この学習者は声を出す必要がなくなってしまい，声の大きさが小さくなる一方である。少しだけ距離を縮めても，ある程度の距離を保ち，「ここまでは聞こえるように声を出してごらん」と，個々に応じて頑張れる範囲の声を出させるのである。②や③であれば，ペアやグループでの学び合いが効果的であろう。教師の机間指導によって，ペアやグループを巡回しながら，よい意見や表現が出るよう助言したり，よい意見や表現が出たペアやグループを記憶したりしておいて，後にクラス全体で共有することで，学び合いの場を通して個人のレベルも上がっていく。④の場合，他教科や学級担任の先生方と情報共有して対処することが重要である。大切なのは，十分な指導なしで「もっと大きな声で！（Say louder!）」と迫り，学習者に不安を与えないことである。英語力とともに，自らの考えを主体的に述べる意欲・態度・表現力を，指導を通して身に付けさせ，「自分は英語を使ってコミュニケーションを図ることができる」という自信をもたせることが大切である。

　しかしながら，Krashen は情意フィルターが低いほど，学習者は理解可能なインプットを言語習得に活用できると主張していることは重要である。つまり，学習者の不安に対してアウトプットばかりに目が向きがちだが，情意フィルターを低くする必要はインプットの段階から必要なのである。インプットの基本となる教師のティーチャー・トークの話術を磨き，例えば発問や指示は意図的に 2 回繰り返すなどして不安を和らげ，インプットにおける情意フィルターを低下させる工夫も大切である。

3.　中間言語と化石化

　中間言語（interlanguage）とは，アメリカの言語学者 Selinker（1972）が提唱した概念で，学習者は，母語とも目標言語とも異なる，別個の言語体系をもつという仮説を唱え，その別個の言語体系を「中間言語」とよんだ。中間言語は学習者の習得につれて変わっていく。

言語学習において，誤って覚えた知識を使い続けることで，その誤りが癖づいてしまうことがあり，それを化石化 (fossilization) という。化石化は，①言語転移，②目標言語の規則の過剰一般化，③練習上の転移，④学習者のストラテジーに起因するといわれている。

4. ペアやグループ活動

学習指導要領にある対話的で深い学びを実現させるためには，ペアやグループ活動を通して考え，言語化して表現し，議論して，意見をまとめる協働学習 (collaborative learning) が大切である。その際，学習者同士のペアの作り方が重要である（和泉, 2009, p.118）。人数はペアなのか，3～4人のグループなのか，ペアやグループの相手は，座っている座席近くで機械的に割り振るのか，それとも男女のバランスを取るのかなどに留意する必要がある。表5.2にあるように，学習者のペア・グループの組ませ方に関するメリットとデメリット（前田, 2021, p.13）を把握したい。

表5.2. ペア・グループの組ませ方に関するメリットとデメリット

人数	メリット	デメリット
2人	人数が少ないので，互いに発言の機会が確保でき，アクティブとなる。	相手にかなり左右される。教える方と教えられる方ができるなど，パワーバランスが難しい。思春期の学習者によっては，相手が異性だと発言しづらいこともある。
3人	発言の機会がある程度確保でき，発言にも多様性が保てる。	同性2名，異性1名となると，思春期の学習者によっては，発言しづらいこともある。
4人	同性2名，異性2名など，性別のバランスを取ることもできる。	人数が多くなるせいで，積極的な子に任せてしまい，ほかはつい無関係なおしゃべりが始まりやすい。

グループ活動でよく起きる問題は，1人又は2人のグループメンバーがグ

ループを支配し，何らかの理由で他者の参加を妨げることである（Kagan, 1994）。また，social loafing（集団で共同作業をしていて人数が増えると，1人当たりの課題遂行量が低下すること），sleeping partners（グループに名は連ねているが活動しないこと），free rider（自分は苦労しないで，他人の功績に乗っかること）がグループ活動の問題点として挙げられる（Jacobs & Small, 2003, p.7）。

協同学習に必要なスキルとして，理由を求めたり説明したりする力，礼儀正しく相手の考えに反対したり，反対に礼儀正しく応答する力（ポライトネス：politeness），ほかの学習者に対し活動に参加することを促したり，その促しに応えたりする力が必要である（Jacobs & Small, 2003）。和泉（2009）は，「教師が適切な指導を行って，ペアを育成すること」が重要であると述べている（p.118）。

学習者は，現時点で自分の力で課題を解決できる領域と教師など他者の助けを借りれば解決できる領域の狭間にいることがある。学習者が他者の助けを借りられたらもう一つ上のレベルに到達できる段階にいたり，教師やほかの生徒から足場掛け（scaffolding）を受けられたら，更に上のレベルに到達できたりする状態を最近接発達領域（the Zone of Proximal Development: ZPD）という。

5. あいまい耐性

無意識のうちに理解が図られる母語とは異なり，外国語では意味理解に対し常にあいまいさや不完全さが付きまとうものである。英語を聞いたり読んだりして，おおよそこんな意味だなとわかっても，最初から完全には理解できない。そのような不完全な状態でも，あきらめることなく学習を続け，不完全さを取り除いていく意欲と態度が不可欠である。その不完全さにも負けない姿勢をあいまいさに耐える態度（tolerance of ambiguity）という。当然ながら，あいまいなままで終わらせないことも必要である。どこかでそのあいまいさを払拭し，あいまいではあっても立てた仮説を検証し，「答え合わせ」をする必要がある。もちろんその「答え合わせ」の機会を教師が教室で

作ることも考えられるが，生涯にわたって学び続けることの重要性を考えると，学習者が自分の力で調べ，自らあいまいさを解消し，あいまいさを確実さに変える力も育成したい。

6. メタ認知能力とストラテジー

　学習者が自分の英語力に足りない要素を認識して学習の優先順位をつけたり，成果をモニタリングして最適な学習法を見つけたりすることをメタ認知という。英語学習は数日で完結するものではなく，マラソンのような長期戦である。したがって，自分の発達段階に応じて，適切で効果的な目標設定が必要となる。学習目標を設定するとき，できるようになりたい姿（目標）と今の自分（現況）のギャップを埋めていくとき，何ができていて，何ができておらず，その差をどうやったら埋められるのかということを認知し，判断することが重要である。

　また，自分に合う英語学習法を見つけることもメタ認知である。英単語学習において，声に出して発音する，紙に綴りを書く，接頭辞や接尾辞を活用する，語源を活用する，似た単語をグルーピングする，絵を描く，自分や知人と関連した例文を考える，頭の中でイメージするなど，その方法は多種多様である。その中で，自分に合う英単語の学習法を見つけることは学習者本人にしかできないことである。この英単語の学習方法において，「この方法は効果的だ」などと様々なことを思考し使う戦略をストラテジー（strategy）という。学習者が，自分自身で英語力を伸ばしていけるよう，教師は英語の知識とともに，ストラテジーの獲得方法についても指導するべきである。しかし，実際の教室では，単語そのものの意味や用法を扱ったとしても，単語の学習方法や覚え方に言及する指導は少ないと思われる。声に出して発音する，紙に綴りを書くなど，先に挙げた英単語学習法について，どのストラテジー使用が自分にとって適切なのか体験する時間を授業内で作りたいものである。

　さらに，「うまくいっていること」や「うまくいっていないこと」など，自分の出来・不出来をモニタリングすることもメタ認知である。自分を俯瞰し

たり，自分を客観視したりする感覚である．

7. 外国語学習と記憶・処理能力

7.1. エビングハウスの忘却曲線 (Ebbinghaus, 1885)

英語学習には，語彙をはじめ，慣用表現，文法規則などを記憶する行為が常に伴う．ドイツの心理学者 Ebbinghaus は，学習してからの時間経過に伴う記憶の変化を研究し，記憶の忘却のメカニズムを解明しようとした．その研究から，エビングハウスの忘却曲線 (forgetting curve) を提案し，図 5.1 のように，前に学習した直後の記憶量が最も大きく，その直後短時間の間に記憶量は急降下し，その後，徐々にゆるやかに下降線を描いていくことを明らかにした．

図 5.1. エビングハウスの忘却曲線

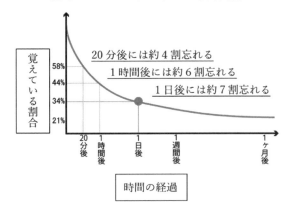

Ebbinghaus によると，1 時間後には 56％の忘却率が学習者にみられた．つまり，英語の授業が終わって，次の科目の授業を受けているうちに，半分は記憶から抜け出る可能性があるということである．したがって，学習者が内容を完全に忘れる前に，常に振り返り (review) の機会を設けることが重要であり，授業では前時の振り返りから始めるなどが重要である．

森・中條 (2005) は記憶について，感覚記憶，短期記憶，長期記憶の三つ

に分類している。感覚記憶は文字通り，感覚的な言葉の受け取りであって，言語情報を別の形の意味理解に変換はしないとされる。つまり，意味の処理が起きるのではなく，注意が向けられるという働きが感覚記憶なのである。その記憶保持時間は，聴覚的情報は約 5 秒以内，視覚的情報は約 1 秒以内とされている。そして注意が向けられた情報，つまり感覚記憶は短期記憶に送られる。

7.2. ワーキング・メモリと認知資源の配分

　コンピュータと同じ発想で，人間が情報を処理するための資源，つまり，何かを考えたり感じたりして，何かを理解し，それを一時的に記憶して，別の場面に活用するための情報処理能力をワーキング・メモリ (working memory) という。ワーキング・メモリは「作業記憶」や「作動記憶」ともいわれる短期記憶の一種である。記憶を「保持」し，「処理」するプロセスである。ワーキング・メモリの容量には限りがあるため，いかにワーキング・メモリに空き容量を作るかが重要となってくる。個々人の L1 と L2 のワーキング・メモリの容量は似た傾向を示すが，ワーキング・メモリ容量が大きい学習者は L2 の読解力が高い傾向にあることがわかっている (Alptekin & Erçetin, 2010)。

　単語認知や構文解析などの下位レベル処理を行い，取り込んだ情報を保持しながら推論生成などの上位レベル処理をすることは，EFL 学習者にとっては負荷が大きいものである。そもそも単語認知や構文解析など文の下位レベル処理に多くの認知資源をとられるため，学習者の思考力は低下するおそれがある（白井, 2004）ともいわれている。また，情報保持ができなくなり，後で何ら記憶に残らなくなってしまうという現象が起こり得るのである（門田, 2015）。

7.3. トレードオフ (trade-off)

　「あちらを立てればこちらが立たぬ」ということわざがある。一方に注力すると，他方がおろそかになってしまうことが英語学習においてはよく起ることである。例えば，スピーキングにおいては，文法や語彙の「正確さ」

を意識していると,「流暢さ」が失われて話すのが滞ってしまうということが考えられる。また,リーディングにおいては,速く読もうとすれば正確性が低下し,正確に読もうとすればスピードが遅くなる。このような状況をトレードオフ (trade-off) という。例のように,英語学習においては,正確さと流暢さは典型的なトレードオフの関係にある。したがって,「二兎追うものは一兎も得ず」にならないよう注意する必要がある。小学校から中学校低学年のうちは「量」を求めるのがよい。ある程度の「量」が産出できないと「質」は求められないからである。それこそ間違えをおそれずに,どんどん言いたいことを言ったり,書いたりする態度を育成したい。そしてある程度の量が出てくるようになったら,この表現は正しいのか,談話構成はこれでよいのかを考えさせていく。自分自身の産出を振り返えらせるのである。ライティングであれば書いたものを用い,スピーキングであれば録音や録画が役に立つであろう。学習者の誤りに対して教師が行うライティングやスピーキングの訂正フィードバックには,効果が高い文法項目と低い文法項目があることがわかっている（白畑, 2015）。したがって,全てを教師が赤ペンを入れるのは,労力の観点からも疑問である。

　学習者の自己修正力に期待をするやり方として,ライティングであれば,「意味が通じにくい箇所」に下線,「もっとほかによい表現がないか考えるべき箇所」には波線などのルールを決めて,教師からは正解を与えずに,学習者に調べ考えさせたり,ペアやグループで討議させたりすることも有効である。スピーキングでは,タブレット端末などを活用し,録画→視聴→録画を繰り返す指導も効果的である。学習者は「現在の自分」よりも一歩でもうまくなりたいと思うものである。1回目はたどたどしかったスピーキングだったのが,録画視聴によって自分の姿を内省し,足りなかった部分を修正し,追加で言いたいことを教師に質問するなどして,2回目以降改善させていくことができる。

8. 学習者が到達するべき英語力

　これまで日本人は英語が苦手だといわれてきたが,明るいニュースもあ

る。2023年5月に文部科学省が公表した2022年度「英語教育実施状況調査」の結果によると，CEFR A1レベル（英検3級）相当以上の中学生は49.2％。高校生はCEFR A2レベル（英検準2級）相当以上48.7％，CEFR B1レベル（英検2級）相当以上は21.2％と，国際的な英語力の指標であるCEFRのA2レベル（英検準2級）相当以上の高校生の割合は近年増加傾向にある。また，高等学校の英語教員の英語力も向上（CEFR B2レベル以上を取得している割合が増加）傾向にある。しかし，英語力は都道府県・政令指定都市別でみると地域差が大きく，ICTを活用した言語活動の組織的な取組，ALTによる授業外の活動としてスピーチコンテストなどの開催，英語検定試験の活用，コミュニケーション能力獲得のための指導力向上セミナーの開催などがポイントである。文部科学省は2022年8月，学校英語教育の地域差解消や，大学入試の個別試験における英語4技能評価の導入拡大などを盛り込んだアクションプラン「英語教育・日本人の対外発信力の改善に向けて」を公表し，児童・生徒の英語によるコミュニケーション能力向上を図っている。このアクションプランでは，次期教育振興基本計画に，全国全ての都道府県・政令指定都市がそれぞれ，「A1レベル（英検3級）相当以上の中学3年生と，A2レベル（英検準2級）相当以上の高等学校3年生を5割以上にする」という目標を新たに盛り込む考えを示している。

▶ 振り返り問題
1. 動機付けについて，その種類と特徴を説明しなさい。
2. エビングハウスの忘却曲線について説明しなさい。

▶ **Discussion Examples**（No. 10）
「人前で話すのが不得意なのです」とうったえる学習者にはどのような教育的配慮ができるであろうか。

Aさん　まず少人数での発表練習をさせ，徐々に人数を増やしていき，最終的に多くの前でも発表できるよう配慮したいです。人前が苦手な人は，嘲笑されたりしたら二度と人前に立ちたくなくなると思うので，発表後の教師のフォローや褒め言葉が重要だと思います。何よりもどんな意見でも受け入

れられるクラスの雰囲気作りが重要だと考えます。

Bさん　苦手だからといって，避けるのではなく，まずはペアやグループから話し始め，自分の意見に自信をもたせたいです。グループメンバー全員で互いの意見に対し，足りない部分を補完しあい，1人の意見ではなくグループの考えとして発表させることも意味があると思います。

第6章　英語科教員

　一般的に，教師はたくさんの「顔」をもっています。教科担当の顔に加えて，学級担任や副担任の顔，生徒指導や進路指導の顔，部活動の顧問の顔など役割は多いといえます。しかし，教科教育というのは教師にとって生命線であり柱です。それは教員免許状や教員採用の区分をみても，「教科」で分けられていることから明らかです。教師自身が学習者として長年付き合い，専門的に研究してきた英語を「プロ」として教える，そしてその教授を通して学習者の「人格の完成」に寄与するという尊い職業が教師です。そして，英語学習者の「先輩」として，英語の楽しさを伝える「英語大使」でありたいものです。本章では，プロの英語教師にとって必要なこととは何かを考えていきましょう。

> ▶ **Discussion Points**
> No.11　ベテランと新人の英語教師の差はどのようなところに表れてくるであろうか。上手に「間（ま）」を取れるのはどちらで，それはなぜであろうか。
> No.12　あなた自身の記憶に残る「よい英語の先生」とは，どんな先生だったであろうか。

▶ **Keywords**: 受容的態度／支援・スキャフォールディング／CCQ／ティーム・ティーチング／答えのない問い／コミュニケーションの促進者／もっと学びたくなる授業／ニーズ分析／学習指導案／指導と評価の一体化／研究と修養

1. 英語科教員に必要なこと

1.1. 褒める能力

　学習者が発言をしたとき，教師が Good! や Excellent! と褒め言葉を投げかけたり，クラス全体が拍手をもって称えたりすることは，発言をした学習者の承認欲求を満たし，発言を受け入れてもらえたという安心感につながるため，積極的に行いたい。しかしただ単に Good! や Excellent! という褒め言葉を多用していると，その言葉の価値が低下し，次第に学習者たちの承認欲求を満たさなくなってしまう可能性がある。そのようなときに重要なのは，褒めている内容を具体化することである。"Your pronunciation was clear. Good job!" や "Excellent! Your opinion is very strong." などと，何がよかったのかを具体的に述べることで，学習者は成功体験として記憶していくわけである。学習者は発達段階において，一度できるようになって褒められたことは，次回もできるようにしたい（元には戻りたくない）と思うものである。きのうはできなかったことが，今日はできるようになる，そして今日の自分を明日は超えてみたいと思える「教師の褒め言葉」が重要である。

　是非とも自分自身で，いくつくらい英語で褒め言葉が出てくるか確認していただきたい。その後，本書の付録⑤を見て，たくさんの褒め言葉のバリエーションを手に入れていただきたい。

1.2. 受容的態度

　教師が何か質問をして Anyone? と問いかけても，発言が出ない，手が挙がらないのは，日本全国でよくみられることである。それは，「授業は静かに先生の話を聞くもの」という日本の教育の伝統であったり，「他者と同じことをするべき」だという同調圧力によって個人の意見を言って失敗するのが怖かったり，恥ずかしいと感じることからくるのであろう。教師が何か質問をして，多くの学習者が手を挙げる，もしくは手を挙げるまでもなく，教室の至るところから意見が出るようにするには次の二つの方法が考えられる。一つ目は，授業担当者となった早い時期に，教師としての信念を生徒に示すことである。最初からコミュニケーションの雰囲気が存在する教室は少

ない。教師が問いかけても手が挙がらず，生徒の多くは静かに真面目な顔をして教師を見つめている間があるであろう。そのときは，日本語に切り替えて，「どうしたの？先生は，みんなから意見が出るまで次に行かないよ？どんどん話そうよ」と強く出ることである。だれからも意見が出ないからといって，一度，指名を始めたら，そのクラスは一年間，教師からの指名を待つクラスとなるであろう。最初に「意見を言い合うクラス」にするという宣言をして，最初に苦労をすれば，一年間，意見が出るクラスにできる可能性がある。二つ目は，「先生は，皆さんが何を言っても絶対に否定しない，絶対に意見を拾うから」と宣言することである。しかしながら，そのためには，学習者が正誤のある問いで不正解の解答をしたとき，また自由に発言できる問いで突拍子もないような発言をしたときに，教師の対応力が問われる。例えば，選択肢があり正誤がついてしまう問いは，個人ではなく全体に問いかけ，A が正解だと思えば "Show me the front cover of your textbook"，B が正解だと思えば "Show me the back cover of your textbook" と指示をして，教科書を胸の高さに掲げさせて意思表示をさせることもできる。三択の選択肢であれば，指の本数を利用して one, two, three の意思表示もさせられるであろう。個人ではなく全体に意思表示をさせることで，不正解となった個人が恥じらいを感じず，教師にとっても全体の理解度を測ることができる。選択肢ではなく Q&A などで，誤った解答をした生徒に対しては，必ず解答に至るプロセスを尋ね，そのプロセスの中でよい点，すばらしい点がないかを探すべきである。最後に，答えのない問いをしたときに，突拍子もないような発言をした場合である。①言いたいことが伝えられず英語が崩壊したのか，②内容的に突拍子もないのかを，そのようなときも教師は焦らずに分析する。①であれば，教師が学習者の言ったことをなぞり，You wanted to say…, right? と丁寧に言い直してあげる。②であればほかの生徒が笑う可能性もあるが，そんなときこそ，日本語に切り替え，「えっ，みんななぜ笑うの？滅茶苦茶いい意見じゃない！先生，そのような意見大好きだよ」と真剣に伝えるのである。野球に例えるならば，どんな悪玉でも必ず体で止めてくれる捕手，バレーボールに例えるならば，どんな球でも必ず拾ってくれるリベロのように，この先生は，何を言っても必ず拾ってくれるとい

う信頼感のある雰囲気を作っていく受容的態度（open-mindedness）が教師には必要である。

　教師を目指す仲間同士でQ&Aをし合い，相手が何を言ってもポジティブな言葉をかけて必ず相手の意見を拾えるように練習するなど，鍛錬されたい。

1.3. 支援（スキャフォールディング）

　教師は学習者に対し，どのような手助けをするかということも重要である。学習指導要領では「支援」という用語が多く登場する。これはいわゆるスキャフォールディング（scaffolding）であり，「足場掛け」ともいわれる。足場掛けの具体例として，英語を話す速さを調節して聞き取りやすくすること，使用される語句や文を易しく言い換えたり具体例を挙げたりすること，情報量を調整することなどの配慮が挙げられる。学習指導要領における支援として，「英語コミュニケーションⅠ」及び「論理・表現Ⅰ」では「多くの支援を活用すれば」，「英語コミュニケーションⅡ」及び「論理・表現Ⅱ」では「一定の支援を活用すれば」，「英語コミュニケーションⅢ」及び「論理・表現Ⅲ」では「支援をほとんど活用しなくても」というように，発達段階に応じて，支援の程度を考慮するよう書かれている（文部科学省, 2018c, p.19）。

1.4. 明確な指示

　新しい活動を授業に取り入れるときは，手順を確認する質問（Concept Checking Questions: CCQ）をするようにしたい。つい，生徒の反応が悪いと，「まぁ，とりあえずやってみよう」（Anyway, let's try!），「やればわかるから」（Try it, and you'll find out.）などと，すぐ実行に移りがちだが，何をやっているかわからない時間ほど学習者にとっては不安なものはなく，英語嫌い（英語の活動が嫌い）を育ててしまう可能性もある。また，活動の終わりくらいになって「あぁ，そういうことだったのか」という生徒の声を聞くと，経過した時間のもったいなさを痛感する。例えば，クラス全体に，次のようにCCQを行う（前田, 2021, pp.24-25）。

T: Let's check what we are going to do.
　　What are you going to do first?
Ss: Listening to the story.
　　（もしアイディアが生徒から出にくいようなら，教師が Listening to … などと出だしのヒントを言う。）
T: How many times are you listening to?
Ss: Three.
T: Can you take notes while listening?
Ss: Yes!
T: Great! Now, let's begin.

　CCQ とはこのように，活動の手順を確認するための英語でのやり取りで，特に英語入門期や新しい活動を取り入れたときに役立つ教師テクニックである。CCQ を丁寧に行い，活動のコンセプトを学習者に把握させる。「まぁ，とりあえずやってみよう」，「やればわかるから」は避けたい。

　英語で授業（指示）をするに当たって，教師は explanation（説明），example（例示），experience（体験させる）のバランスを考えることが大切である。説明はできるだけ簡潔にし，活動が始まってから次々と説明を付け足さないようにしたい。適切に例を出したり，時にはデモンストレーションを見せたりしてから，実際に，学習者に行動させるのである。

1.5. 必要な英語力

　英語教師にとって，英語で授業を行うことは負担を伴うものである。それは言語力とコミュニケーション力の両方が問われる。言語力でいえば，ただ単に英語力が高いから英語で授業が行えるのではなく，難解なことでも易しく言えることが求められ，学習者が発する中間言語を理解して修正していくような英語力も問われる。また，コミュニケーション力でいえば，ただ単に説明が得意だから英語で授業が行えるのではなく，年齢や経験も英語力も差がある学習者とやり取りして，学習者の理解度も考慮しながら円滑なコミュニケーションを目指していく対応力が必要である。

英語で授業を行っていると，教師の側が英語の使用にためらいを感じ，つい不必要な日本語が口を割ることがある。そのような日本語が出るときに多いのは，教師の一方的な説明となり，学習者が理解しているのか不安になってしまったり，教師による一方的な説明によって教室の空気が静まり返って間が悪くなったりするときである。教師中心で教師だけがしゃべるのではなく，学習者に声をたくさん出させ，説明よりも活動を中心とすることで，英語使用を基本とした授業実践がしやすくなるのである。

文部科学省は，生徒の英語によるコミュニケーション能力を育成するため，生徒が英語に触れる機会を充実するとともに，授業を実際のコミュニケーションの場面とすることができるよう英語教員の英語力目標を英検準1級以上，TOEFL の PBT550 点以上，CBT213 点以上，iBT80 点以上又は TOEIC730 点以上と周知している。CEFR B2 レベル（英検準1級）相当以上を達成している英語教員は，2024 年時点で，中学校で 44.8％，高等学校で約 80.7％ となっている。

1.6. 協働的姿勢

他教科にはあまりみられない英語教師の特徴の一つとして，外国人英語指導助手（Assistant Language Teacher: ALT）とチームを組んで授業をすることが挙げられる。これをティーム・ティーチング（Team Teaching: TT）という。日本において教壇に立って授業が行うには教員免許状が必要だが，ALT はこの教員免許状をもっていないため，日本人英語教師（Japanese Teacher of English: JTE）と授業を行う必要がある。このため，ALT は「指導助手」といわれるのである。

1.7. 教師の自律性

伏木（2024）は，「〇〇スタンダード」という，その学校における標準指導スタイルの制定をよく見かけるが，細かいことまで同じことを求めることが行き過ぎる「新たな画一化」に対して警鐘を鳴らしている。〇〇スタンダードにうたわれている「理想」から，目の前の子どもたちの「現実」を差し引いた足りないものが，押し付けのようになり，子どもたちの自己肯定感

の喪失になってはいけないというのである．そして教師自身が，「新たな画一化」によって自律性を失ってしまい，何をしたら目の前の学習者に興味をもたせ，コミュニケーション能力を付けさせられるのかを考えなくなってしまうことが危惧される．筆者は当時の勤務校にて，文部科学省による「英語教育改善のための調査研究事業」（平成 21 年度より 3 か年）の研究指定により，英語力向上のため種々の取組を行った．その取組でわかったことは，学年や学校全体で統一的な「目標」を定めることは大事だが，教員の「指導方法」まで縛らない方がよいということである．むしろ，各先生方の個性や色を大切にした指導を多種多様に展開してもらい，うまくいった指導や手ごたえのあったやり方を情報共有してもらうことがチームの士気を高めた．ある先生がよい方法だと感じたものを共有し，ほかの先生方が自身の次回の授業に取り入れていくなどして，効果的であった．たどり着きたい目標は統一し，それに向かって同じ方向に進むが，やり方は色々あってよいのである．

2. コミュニケーションの授業における教員の役割

2.1. コミュニケーションの促進者

よい英語教師は，「説明」の上手な先生や問題の「答え」をてきぱきと出す先生というよりも，コミュニケーションを促進させる整理係（facilitator）としての役割が必要である．時には説明し，時には議論を促し，時には一人の意見を別の生徒に振り，何から始め（読む目的），何で終わるか（アウトプット）という進むべき方向性を念頭に置いて進めたい．授業で生徒が英語を話す時間が長いほど，表面からは見えないところでの先生による「働きかけ」が多いものである．

2.2. 答えのない問いを一緒に考える

数学の教師にとって重要なことは，問題の解答を導くプロセスを明瞭に「説明」する能力であろう．しかし，英語教師にとって重要なことは，明瞭に説明することではなく，明瞭な「指示」を学習者に出し，支援しながら学習者に思考・判断・表現させ，必要に応じて修正（フォーカス・オン・

フォーム）を行い，一人の学習者の意見に対してほかの学習者に意見を求め，意見形成を行っていく包括的なコミュニケーション能力である。

　英語科で扱う問題（トピック）には，文法問題は別として，はっきりとした答え（結論）がないものも多い。気候変動，難民問題，環境破壊，食糧危機など人類が抱える諸問題に対し，意見は多様であり，はっきりとした答え（結論）は出せないが，一人一人が考え，判断し，それを表現することで，また別の意見が生まれ，最後はよりよい地球市民としての意見を形成していくことができる。予測困難な時代を迎える中で，答えのない問いに向かっていく主体的な学び，答えのない問いに話し合っていく対話的な学びを通して，英語科はわかりやすい授業を超えて，もっと学びたくなる授業を目指すべきである。

　それを実現するために，①コンテンツ資料として多様で最新の情報が手に入ること（情報端末の活用），②課題を発見し，現状を分析し，目的や課題を明らかにするデータ・サイエンス力，③評論家にならないよう，自分（児童・生徒）の立場から何ができるのかを考えること，④自分の主観や先入観にとらわれず物事を批判的に考えるクリティカル・シンキングの力などが必要である。

　このように英語科は，言語の知識習得にとどまらず，物事の見方，考え方，分析の仕方など生きる上で大切なスキルを磨く教科であるといえる。

3. 指導を聞き入れない学習者への指導

　英語のみならず，学習全般に興味関心をもてない学習者は多いものである。第2章で概観した昭和44（1969）年告示の中学校学習指導要領では，生徒の能力差に対応した指導ができるようにという配慮があったが，当時は校内暴力などが社会問題化し，特に1990年代に入ってからは学級崩壊といわれる授業が成立しない状況も生まれた。指導を聞き入れない学習者には二つのタイプがある。一つ目のタイプは，私語などを止めずに時には反抗的な態度を取る学習者である。このタイプの学習者が複数いると，授業の雰囲気全体が騒々しくなり，授業は成立しなくなるおそれがある。この場合，クラ

ス全体の場でいくら Be quiet! と叱ったり，時に声を荒げて「うるさい！」と怒ったりしても効果はない。むしろ，真剣に参加している学習者を嫌な気分にさせることもある。この時の対処法は，授業を妨害する学習者を，授業後，別室で個別に呼び，1 対 1 で話すことである。クラス全体の場で騒々しい学習者であっても，1 対 1 で話すと実はとてもよい生徒が多いものである。二つ目のタイプは，寝てしまいやる気が出ない学習者である。教師は医師ではないから診断はできないが，睡眠障害や精神的な症状から生じることも考えられるため，担任教師や学年主任と情報共有することも重要である。

この二つのタイプは性質が異なるため，異なる対処法が必要である。まずそれぞれに適する対処法を行ったうえで，英語教師としてできることは，学習者に英語を通して学習の面白さに気付かせることや，自分に自信をもたせることである。目の前にいる学習者はいま，何に興味関心をもっているか，学習者の世界と教科書の内容を結び付けるものは何が考えられるのか，それらを把握するためにもニーズ分析（needs analysis）が大切である。学習者がすでに知っていることや実際にできること，これから学びたいことやできるようになりたいことを質問することが考えられる。

4. ベテランと新人の英語教師の差

若さというものは，学習者と年齢的に近いという親近感や時代の変化に柔軟ということもあり大きな武器となろう。しかしながら，ベテランにはそれを補って余るような経験や落ち着いた振る舞いがある。慣れない間はどうしても落ち着きを失い，教壇を左右に行ったり来たりすることもよく見受けられる。学習者の視点に立って生徒側の席に座ってみると，教師が左右に動けば，学習者の視線も同様に追いかけてしまうことに気が付くものである。落ち着きという点では，間（ま）のとり方もベテランと新人の英語教師の差が出やすいところである。間を取るべき場面は，英語の授業では多い。オーラル・インタラクションやリーディング中のやり取り，スピーキング活動などである。教師の発問やスピーキングのトピック，仲間とのやり取りにおいて，間を使ってリハーサル（第 10 章参照）させることが重要である。学習

者が「英語で考える」とは，英語話者の思考回路を真似せよということではなく，うまく間を使ってリハーサルすることである。話すことは頭の中で組み立てたことを言語化，つまり英語で伝える場であるから，たとえ学習者が「日本語でもよいですか？」と言ってきても，教師は English please.（英語で話してください）という姿勢を貫くべきである。一旦，日本語で伝えることを許してしまうと，別の学習者にも伝播し，次々日本語で話し始め，英語で話す雰囲気ではなくなってしまう。

　間を取ることが重要だとして，では教師が間を取れない状況はどうして起きるのであろうか。考えられる要因として，①授業進度が気になる，②沈黙に耐えられない，などが挙げられる。両方とも焦りから生じるものだが，①は新人の英語教師であればあるほど，ベテラン教師に進度を遅れてはならないという焦りがあるものである。ここはベテラン教師も同僚の進度を考慮し，教科書を早く先に進めればよいというものではないということを念頭に置いて，チームでハンドアウトを共有することから始めるとよい。本文に載っている英文に関して知識を扱おうと思えば，無限にといってよいほど言語面で教えるポイントが存在する。そこで，ハンドアウトを共有し，知識に関してはハンドアウトに載っているものを最低限扱うことにすれば，輪番で定期試験を作成したときに，「自分の担当クラスでは教えてない言語知識が出題されている」という齟齬が解消されるだろう。また，ハンドアウトに載っているコミュニケーション活動を全クラス共通で行うことにすれば，クラス間によって進度に差は生じにくいだろう。②に関しては，新人とベテランでの経験がものをいう。座席に座っている40名近くの学習者に対し，教師は1人であり，対面して立っている。40名近くから見つめられて，落ち着いて間を取る（沈黙の時間に耐える）ことは慣れや忍耐が要るものである。まずは，発問をした後，I'll give you 30 seconds to summarize your idea. などと指示を明確に出す。そして，心の中で one, two, three と数えるなど，自分なりの沈黙に耐える術を身に付けたい。時間の管理としてタイマーを使用するもの手である。英語の授業は英語で行うことが基本であるが，ついつい教師の口から無用な日本語が出てきてしまいがちなのは，実はこの沈黙になった瞬間である。学習者は理解しているのかが不安になり，本来不要と思

われる日本語を使うことで，安心感を得ようと考えるものである。これを防止するには，学習者に声を出させることである。発問をした後，学習者が無言のまま沈黙の時間に入ると，教師にとっては「生徒は理解できているのか」不安になり無用な説明が日本語で入ってしまいがちなので，発問をした後，Do you understand? などと問いかけ，学習者から Yes / O.K. などと元気よくリスポンスが返ってくる雰囲気作りを授業開きの早い段階から実践したい。

5. 授業の準備・学習指導案

　教育実習や研究授業等では，学習指導案を作成する。学習指導案のひな型は，文部科学省のWebページでも公開されている（https://www.mext.go.jp/b_menu/shingi/chousa/shotou/123/shiryo/__icsFiles/afieldfile/2017/05/16/1384980_003.pdf）。

　また，各都道府県の教育委員会の中には，学習指導案の作成にあたり具体的に注意するべきところを挙げていたり，モデルとなる学習指導案を公開したりするところもあり参考になる。

　学習指導案は，料理でいうところの「レシピ」である。使用する言語材料と用意する教材は「食材」に該当する。この手順に従い，それぞれの行動にこの時間かけて，何に注意をして進めていくかは「調理」に該当する。そして，そして最後には何ができるか（達成目標）が出来上がりの「料理」である。「レシピ」のように，だれが見てもわかるように記載する。

学習指導案の書式例

外国語（英語）科学習指導案

正式名称は外国語科であるため，外国語（英語）科と記載する。

教員免許を持っている正規雇用の職員を指す場合は「教諭」

日　時　令和〇年〇月〇日（〇）
対　象　第〇学年〇組　〇名
学校名　〇〇立〇〇高等学校
指導者　職・氏名〇〇〇〇
会　場　〇階〇〇教室

1 科目名
　〇〇〇〇（単位数 〇）

2 使用教科書
　〇〇〇〇（出版社名〇〇〇〇）

3 単元名
　〇〇〇〇

4 単元の目標
　〇〇〇〇

> 単元の目標は各観点ごとに一文で示すことを基本とする。「〜できる」という表現で記載する。

5 単元の評価規準

ア：知識・技能	イ：思考・判断・表現	ウ：主体的に学習に取り組む態度

> 各観点の主旨を踏まえ、「おおむね満足できる」状況を観点別に具体的な生徒の姿として一文ずつ示す。

6 指導観
(1) 単元観
　〇〇〇〇

> 本課で扱われているテーマの概要や重点を置く指導事項等を記入する。

(2) 生徒観
　〇〇〇〇

> ふだんの学習の様子、クラスの雰囲気、学習事項の定着状況、学習上の課題、育成したい力などを記入する。

7 年間指導計画における位置付け

月	単元名	学習内容・言語材料

> 学習内容・言語活動には、各単元で学習者が読み取るべき内容の要旨と身に付けるべき文法事項を記載する。

第6章　英語科教員

8　単元の指導計画と評価計画

時	目標	○学習活動・学習内容	評価規準（評価方法）		
			ア	イ	ウ
		評価規準（評価方法）は、「5 単元の評価規準」で設定した項目についてどの時間にどのように評価するか（「ハンドアウトを回収」、「行動観察」等）を記述する。			

9　本時の指導と評価の計画（全○時間中の第○時）

(1) 本時のねらい
　　○○○○　　4で記載した「単元の目標」のうちから選び、本時に扱うねらいを記入する。

(2) 準備・資料等
　　○○○○　　ハンドアウトやPCなど必要な物を記載する。

(3) 本時の展開

時間	学習内容	生徒の学習活動	教師の指導・留意点	評価規準【観点】（評価方法）
	行う学習活動を端的に書く（例：本文の内容理解）	生徒の視点で内容を「～する」という表現で書く。（例：本文を黙読する。）	教師の視点で内容を「～させる」をいう表現で書く。その際の留意事項も補足する。（例：本文を黙読させる。黙読が終わったら、教科書を閉じさせる。）	9本時の指導と評価の計画（1）本時のねらいで挙げた「評価規準」を基に書く。何をどう評価するのかを括弧書きする。（例：本文の要旨を理解することができる【知識・技能】（ハンドアウト）

※「本時の展開」を記入する際、「導入・展開・まとめ」ごとに、欄に横線を入れるとよい。

(4) 板書計画

```
Today's Goal:                    December 26 (Thursday)
                                  1 Introduction
                                ▶ 2 Reading silently
                                  3 Reading Q & A
```

- "Today's Goal"：この1時間で生徒に付けさせたい力を黒板の一番上に書く。（例：To tell your friends about your favorite food）
- 右端には "2 Reading silently" のような「進行計画」を，毎回使いまわしができるよう模造紙等で作成，貼付する。いまどの活動を行っているのかをマグネット等で示すことで，生徒が「迷子」にならないようにする。
- 板書計画を作成し，1時間の授業が終わったときに，「今日学んだこと」が一目瞭然となって黒板に残るよう工夫する。
- 「黒・赤・青」チョーク・ペンの使い分けを考える（例：○○○（赤）などと色を記入する）。※黒板に赤の文字は見にくいため避けたほうがよい。

(5) 授業観察の視点

○○○○　　授業改善に向けて，観察してほしい点や協議してほしい点を記述する。（例：本時の指導が単元の目標を達成する内容となっていたか。）

　「4 単元の目標」は，「知識・技能」「思考・判断・表現」「主体的に学習に取り組む態度」の観点ごとに，それぞれ一文で記載する。これら評価の三つの観点については，毎回の授業で全てを見取るのではなく，単元や題材を通じたまとまりの中で学習・指導内容と評価の場面を適切に組み立てていくことが重要とされる。
　「小学校，中学校，高等学校及び特別支援学校等における児童生徒の学習評価及び指導要録の改善等について（通知）」（平成31年3月，文部科学省）において，新学習指導要領の下での学習評価の重要性を踏まえた上で，その基本的な考え方や具体的な改善の方向性についてまとめられている。

この中で，各教科に共通する評価の観点及びその趣旨が次のように記されている。単元の評価規準ではこれらの文言が用いられる。

表 6.1. 英語科における評価の観点及びその趣旨

知識・技能	・外国語の音声や語彙，表現，文法，言語の働きなどについて理解を深めている。 ・外国語についての音声や語彙，表現，文法，言語の働きなどの知識を，聞くこと，読むこと，話すこと，書くことによる実際のコミュニケーションにおいて，目的や場面，状況などに応じて適切に活用できる技能を身に付けている。
思考・判断・表現	コミュニケーションを行う目的や場面，状況などに応じて，日常的な話題や社会的な話題について，外国語で情報や考えなどの概要や要点，詳細，話し手や書き手の意図などを的確に理解したり，これらを活用して適切に表現したり伝え合ったりしている。
主体的に学習に取り組む態度	外国語の背景にある文化に対する理解を深め，聞き手，読み手，話し手，書き手に配慮しながら，主体的，自律的に外国語を用いてコミュニケーションを図ろうとしている。

（文部科学省，平成31年3月29日付「資料5」を基に作成）

　観点中の「主体的に学習に取り組む態度」については，子どもたちが自ら学習の目標をもち，進め方を見直しながら学習を進め，その過程を評価して新たな学習につなげる意図がある。学習に関する自己調整を行いながら，粘り強く知識・技能を獲得したり，思考・判断・表現しようとしたりしているかどうかという，意思的な側面を捉えて評価することが求められるのであって，宿題や課題を提出したなどが直接評価されるのではないことに留意したい。

　「9 本時の指導と評価の計画」における「(1) 本時のねらい」は，当然のことながら，「4 単元の目標」と連動している。さらに，「9 本時の指導と評価の計画」における「(1) 本時のねらい」は同項の「(3) 本時の展開」における「評価規準【観点】（評価方法）」と連動していることに留意したい。評価方法については，指導と評価の一体化を図る中で，論述やレポートの作成，発

表，グループでの話し合い，作品の制作等といった多様な活動に取り組ませるパフォーマンス評価などを取り入れ，ペーパーテストの結果にとどまらない，多面的・多角的な評価を行っていくことが必要である。

板書計画に関して，「今日何をするのか」やユニットの「タイトル」を黒板の一番上に書く場合も考えられるが，新規文法が現在完了形だったとして，「現在完了形を使ってみよう」と黒板上に書いても，生徒が，現在完了が何であるのかがわからない状態では書く意味がない。それよりも，「何ができるようになるのか」，例えば「継続的に頑張っていることを友達に伝えられるようにしよう」などという目標をクラスで共有するべきである。

6. 教員の研修

教育の「憲法」ともいえる教育基本法第 9 条には，「法律に定める学校の教員は，自己の崇高な使命を深く自覚し，絶えず研究と修養に励み，その職責の遂行に努めなければならない」と規定されている。また，教育公務員特例法 21 条には，教育公務員は，「その職責を遂行するために，絶えず研究と修養に努めなければならない」とも書かれている。研修とは，この研究と修養を含むものである。「研究」は学習者を対象として，基礎学力や活用力向上のための指導法を明らかにしていくことである。一方で，「修養」とは教師自身を対象とし，自分の指導教育技術を高めることである。OECD 加盟国による国際比較調査では，日本では，ワークショップ，教育に関する会議やセミナーなど外部のセミナーに加えて，他校での見学が多く，日常的に校内だけでなく，他校への授業参観が積極的に行われていることがデータからも明らかになっている。教育公務員特例法等の一部を改正する法律（平成 12 年 4 月 28 日法律第 52 号）の施行により大学院修学休業制度が創設された。これは，教員の身分を保有したまま大学院にフルタイムで在学できる制度である。教員自身が，在学する国内外の大学院を選ぶことができ，専修免許状を取得するものであり，最長 3 年間の休業が認められる。週 20 時間を超えない部分休業の制度もある。しかし，休業した分は無給となり，この制度利用のハードルは高いといえる。

ワークショップ，教育に関する会議やセミナーなど外部のセミナーとしては，表 6.2 に掲げるものがある。学会というと敷居が高いイメージがあるかもしれないが，研究者と教育実践者が会する絶好の機会であり，理論と実践を結び付けたい。

表 6.2. 教員向けのセミナー・研修会・学会

英語教育協議会/ELEC 英語研修所主催「ELEC 英語教育研修会」	よりよい授業のための理論と具体的実践方法を身に付けることを目的として，夏期・冬期・春期の年3回，中・高等学校，大学や研究所などの実績ある講師が担当して有償の研修会が開催される。
日本英語検定協会主催「英検セミナー」	教育委員会や小・中・高等学校，大学，学習塾・英会話学校で英語教育に携わる先生方を対象として，英検や英語教育に関するタイムリーな話題について原則無料のセミナーが不定期で開催される。
全国英語教育学会/各地区英語教育学会	全国英語教育学会（JASELE）は全国 8 地区の学会から構成され，全ての学校種にまたがる 2,500 名以上の会員を有する英語教育学会である。各地区の研究大会のほか，全国研究大会が毎年 8 月に開催される。
全国英語教育研究団体連合会（全英連全国大会）	全国の中・高等学校の英語教員約 6 万人を会員とする英語教育研究団体である。毎年秋頃に全国研究大会が開催される。1 日目は基調講演があり，更に舞台上で授業実演が行われる。2 日目には分科会での発表，意見交換がある。
ロイロノートイベント・公開授業	ICT 情報ツールであるロイロノートに関して，ロイロノートを利用している学校の公開授業や勉強会について情報発信がなされている。不定期で公開授業や勉強会（研修会）が全国各地で開催されている。

▶振り返り問題

1. 英語で学習者を褒める表現の例をいくつか挙げてみなさい。
2. ニーズ分析とは何か，またその重要性は何か説明しなさい。

▶ **Discussion Examples** (No. 12)

　あなた自身の記憶に残る「よい英語の先生」とは，どんな先生だったであろうか。

　A さん　　私にとっての「よい先生」は，生徒の様子をよく見て，ジョークをまじえながら，楽しい授業をしてくれる先生でした。私は元々，英語が苦手でしたが，その先生の授業が好きだったので，放課後やテスト期間には，よくその先生に質問に行っていました。つまずいていると，わからないところに対して一緒に考えてくれたり，生徒と同じ目線に立って親身になってくれたりする先生でした。

　B さん　　たとえ間違えた答えを言っても，いやな雰囲気をつくらない先生がとても記憶に残っています。自分の意見に対してしっかりと反応してくれて，その間違えた答えであっても，生かしてくれる先生のクラスがとてもよかったです。

第7章　コミュニケーション能力の育成

　日本の英語教育はコミュニケーション能力の育成を目的としています。しかし，コミュニケーションの定義をおさえておかねば，目的は十分に達成できないでしょう。本章ではまず，コミュニケーションとは何か，そしてその能力とはどのように説明できるかを概観します。そのうえで，網羅的に言語知識を教えたうえで，取ってつけたように言語活動を行う授業ではなく，真にコミュニケーション能力を育成する授業にするにはどうしたらよいかを考えます。

▶ **Discussion Points**
No.13　コミュニケーションとは何であろうか？また，その能力はどのように説明できるであろうか。
No.14　あなたの考える「コミュニケーション能力が高い人」とは，どのような人を指すであろうか。

▶ **Keywords**: コミュニケーション能力 / BICS と CALP / 心的表象 / インフォメーション・ギャップ / ロール・プレイ / シナリオ / ジグソー

1.　コミュニケーションとは

　コミュニケーションとは，複数の人間が何らかのメッセージを交換して，意思疎通することである。このように定義すると，コミュニケーションは話すことなどの発信行為のみを指すように誤解を受けやすいが，何かを読むことも，筆者と読者との時空間を超えたコミュニケーションである。

授業を見ていると，学習者の口から英語がたくさん聞こえてくるのだが，コミュニケーションではなく，口頭での構文や音読練習，暗唱練習をしているだけのことがある。また，一見すると他者とやり取りをしているように見えるのだが，あらかじめ用意した原稿を互いに読み上げているだけの場合もある。練習の必要性を否定することはできないが，こられはコミュニケーションそのものではないことに留意したい。

コミュニケーションとは本来，筋書き（台本）がないものである。自分が言いたいことはわかっても，相手が何と言うかわからないのである。それはスポーツにおける，練習か試合かの違いによく似ている。テニスでも野球でも，練習ではコーチが打ってくる球はある程度予測できるであろう。しかし，試合ではどんな球が飛んでくるかはわからないものである。

1.1. 関係性や場面設定の重要さ

相手の発話意図を読み取り，自分の意図することが伝わるよう，相手や場面に合わせた言葉遣いを選択し，声のトーンや大きさを調整し，何なら更に自分の発話に対して相手は何というかまでをも即座に予測して，日常のコミュニケーションは行われている。

例えば，What's the date today?/What day is today? という質問は，だれが答えても日付や曜日は一定であるから，本当のコミュニケーションではない。しかし，本日，誕生日を迎える話者が，催促の意味で What's the date today? と本来なら誕生日を知っている人に尋ねれば，聞き手から I'm sorry I forgot your birthday. などという会話を引き出し，本当のコミュニケーションとなる。場面設定をすることで，単なる構文練習なのか，それともコミュニケーションになるのかが決定する。What did you eat for breakfast today?/How was your breakfast? という質問は，尋ねた相手が何を食べたのか，美味しかったのか，何と答えるかわからないのであるから本当のコミュニケーションといえる。コミュニケーションには，話のきっかけを作るという意味でも，よい質問が必要である。「事実に関する質問」(fact-finding question) や「学習者自身のことや，学習者の個人の意見や考えを聞く質問」(referential question) を上手に組み合わせながら，コミュニケーションして

いく。例えば，次のような会話では，発話者は何を伝えたいのであろうか。

　　Speaker A:　What time is it now?
　　Speaker B:　It's almost seven o'clock.
　　Speaker A:　Wow, it's already that time!?
　　Speaker B:　Yeah, time flies.

Speaker A は，What time is it now? と「事実に関する質問」をしている。そして，Speaker B は「もうすぐ 7 時です」と答えている。ここまでは単なる事実についてのやり取りとも思えるが，続く Speaker A の発言は，「えっ，もうそんな時間ですか」と言っている。この Speaker A の発言の意図は何であろうか。次の 2 通りが考えられる。

　① Speaker A はそろそろ帰りたくて，わざと「今何時だろう」と質問し，「そろそろお開きにしないか」というネガティブな意味を込めて「もうそんな時間 !?」と発言している。

　② Speaker A は，純粋に「今何時だろう」と質問したうえで，Speaker B と過ごす時間が楽しくてあっという間だというポジティブな気持ちを込めて「もうそんな時間 !?」と発言している。

　「事実に関する質問」は本当のコミュニケーションといえないかもしれないが，この例のように，自分が伝えたいことの意味形成の手段として使用され，本当のコミュニケーションにつながる場合もある。上の例の続きが，

　　①　Speaker A:　My mother is worried about my late return.
　　②　Speaker A:　I wish time would just stop.

のどちらが来るかによっても，これまでの会話の意味が変わってくる。例からもわかるとおり，人物の関係性（Speaker A と B）や場面（本当は帰りたい/まだ一緒にいたい）などの場面設定がなければ，本当のコミュニケーションは成立しないのである。

1.2.　現実性を高める工夫

　学習者の発達段階が進むにつれて，「○○ごっこ」のような本物とはかけ

離れたコミュニケーションでは，いくら関係性や場面設定をしっかりしたとしても，学習者の学習意欲向上に結び付けるのは難しい。ある程度の教育的配慮を加えて「加工した」関係性や場面設定だけではなく，学習者にとって現実味のある関係性や場面設定にすることが重要である。

　例えば，Speaker A：学校の生徒会の係り，Speaker B：留学した学生，場面：学校で受け入れた留学生の歓迎会を開こうと考えており，互いの日程の都合やだれを歓迎会に呼ぶかなどの調整をしようとしている，という設定があるとする。Speaker A にしても B にしても，生徒会の係りや留学をすることは，現実味のある関係性や場面設定といえる。しかし，例えば Speaker A：医者，Speaker B：患者，場面：手術日が近づいてきたが，患者が不安を漏らして手術の延期を願い出ており，医者が手術の重要性を主張するという設定だとする。Speaker A にしても B にしても，医者の経験はなく，患者となった経験も少ないかもしれず，現実味のある関係性や場面設定とは必ずしもいえない。もちろん後者の例が，学習者の将来のキャリア教育の一つとして，異なる立場から物事を考える練習となり得る可能性はあるものの，学習者ができるだけ「自分事」と捉えられる場面設定にしたい。

2.　コミュニケーション能力とは

　私たちは，日常生活においても，「あの人はコミュニケーション能力が高い」と表現することがある。言語を効果的に使用するには，どのような能力が必要で，コミュニケーション能力とはいったい何を指すのであろうか。コミュニケーション能力は "Communicative Competence" と英語では表現する。そして，実際の場面において円滑なコミュニケーションを行うための技能（skills）又は力（ability）と同一視することがある（山岡，1989）。Savignon (1972) はコミュニケーション能力について，「実際のコミュニケーションの場面において機能するための力」と定義している。「教室の中での構造練習はうまく行うことができるのに，実際のコミュニケーション場面では何も言えないという事態に直面すること」（山岡，p.122）がないよう，実際のコミュニケーションの場面でどのような能力が必要なのかをみていく。

「コミュニケーション能力」(communicative competence) という概念を提示したのは，アメリカの社会言語学者 Hymes（1972, 1974）である。コミュニケーション能力の育成に舵をきった平成元年（1989）年の学習指導要領改訂版は，Canale and Swain（1980）や Canale（1983）を参考にしている（鳥飼, 2017）といわれており，コミュニケーション能力（communicative competence）の下位知識モデルによると，コミュニケーション能力は，①文法能力（grammatical competence），②社会言語学能力（sociolinguistic competence），③談話能力（discourse competence），④方略的能力（strategic competence）から構成されるという。

表 7.1. Canale（1983）に基づくコミュニケーション能力の下位知識

能力名	定義	具体例
①文法能力（grammatical competence）	語彙・統語・文レベルの意味・音韻に関する知識	・a/the/some などの使い分けができる。 ・正しい英語の語順で表現できる。
②社会言語学能力（sociolinguistic competence）	意味上及び言語形式上，適切な言葉を理解・発話するための知識とその運用の技能	・友人ならカジュアルに，初対面や配慮すべき相手なら丁寧になど，話す相手に応じた言葉遣いができる。
③談話能力（discourse competence）	文と文の結束性（cohesion）及びまとまりのある一貫性（coherence）をもったテキストを構成するための知識とその運用技能	・I'm sorry I can't join you today, because … というように結論から先に伝える。 ・2 回目は代名詞を用いたり，適する接続詞を用いたりする。 ・段落構成に気を配り，論理的に構成された文章を書く。
④方略的能力（strategic competence）	相手の発話を聞き取れなかった場合の対応，自分が言いたいことが言えない場合の対応など，実際のコミュニケーションで遭遇する問題に対応する能力	・相手にもう一度言ってもらえるよう Could you say one more time, please? とお願いする。 ・思いつかない単語を別の単語で言い換えたり，ジェスチャーで伝えたりする。

まず，①の「文法能力」がなければ言葉は使用できない。一般的に「英語力がある」といえば，この言語の知識や運用能力があることを指しているが，文法能力＝コミュニケーション能力とはいえない。文法的な正確さ（accuracy）や知識の多さだけを重視するのは，4要素のうちの文法能力しか考慮されておらず，コミュニケーション能力の一部である。②の「社会言語学能力」には，文化的な側面も含まれる。「特に英語が流暢さを増すにつれて，多文化的側面を考慮しない言語行動は失礼だと思われる危険がある」（白井, 2004, p.40）ため，互いの社会的背景に配慮する必要がある。例えば，アドバイスをすることは失礼かどうかという問題に東（2009, pp.130–132）は触れている。知り合いとレストランに行った際，知り合いが「ハンバーガーにしようかな」と言った場面である。自分が以前に食べた経験があり，油がギトギトで美味しくなかった。そこで，①直接アドバイスする（You shouldn't order the hamburger. I had it here before, and it was really greasy.），②間接的にアドバイスする（Maybe it's not a good idea to order a hamburger. I had it here before, and it was really greasy.），③コメントだけする（I had it here before, and it was really greasy.）のうち，どれを選ぶかを調査している。

日本人留学生	アメリカ人学生
①直接アドバイス　15%	①直接アドバイス　　0%
②間接アドバイス　39%	②間接アドバイス　36%
③コメントだけ　　46%	③コメントだけ　　　64%

(Hinkel, 1994から引用)

　この結果からは，①直接アドバイスをする日本人留学生が，アメリカ人学生よりも多いことがわかる。知り合いに美味しくないものを食べさせたくないという親切心があるものと推測できるが，You shouldn't order the hamburger. と，相手に義務を感じさせるアドバイスをすることに，アメリカ人学生は抵抗感をもっているようである。たとえ意味上や言語形式上では正確であっても，伝える相手によって言葉の使用に関する適切さは考えなければならない。このような事例が起きる背景には，例えば had better を「～した

方がよい」と日本語を介して導入したとして，日本語でいう「食べない方がよいですよ」と親切に言うことがあると思い，You had better not order the hamburger. とアドバイスをしてしまうかもしれない。しかしながら，アドバイスにしては had better は強すぎる。相手に不快な思いをさせてしまうかもしれない強い助言という言語的な機能・働きがあることを学ばねばならない。教師はこのような場面（タスク）を意図的に設定し，You had better not order the hamburger. と忠告してしまうような言語使用をわざと引き出す場面を想定して，Thank you for your advice. However, this is my choice. などと返事を返して，「他人の選択の自由を侵害しているかもしれない」と，クラス全体で考えさせるような指導を行うことが考えられる。Why do you think I said "this is my choice"? などと質問してクラス全体で討議することで，意味は伝わったとしても，場面や相手にとってふさわしい言語使用だったのかを検証させたい。

　また，「談話能力」として，日本人中学生が行った英語での自己紹介の例を考えてみる。

> Hello, my name is Akari.
> I'm fifteen years old.
> I like to read books.
> There are three members in my family.
> My favorite color is blue.

よくありがちな5文程度の自己紹介だが，この自己紹介には文と文の「結束性」や全体としてのまとまり，つまり「一貫性」はあるだろうか。例えば次の自己紹介との違いはどこにあるだろうか。

> Hello, my name is Akari.
> Please call me Acchan.
> I like to read books.
> My favorite writer is Murakami Haruki.
> Thank you for listening.

この自己紹介は，1 文目と 2 文目は自身の名前に関することで結束性があり，3 文目と 4 文目は「本に関すること」で結束性がある。また，全体として名前と趣味を紹介し，「聞いてくれてありがとう」と自己紹介を締めくくる終わり方をしている。5 文程度の自己紹介で結束性と一貫性を求めるのは酷ではあるが，実際のコミュニケーションでは，短いターンの会話はよくあることである。

① Speaker A:　My friend says that the new restaurant is very good.
　Speaker B:　I haven't heard from my friend in a while.
② Speaker A:　My friend says that the new restaurant is very good.
　Speaker B:　Let's go to the restaurant sometime.

①と②の短いターンの会話で，どちらが結束性に優れているかは一目瞭然である。①では 1 文目で新しいレストランに焦点が当たっているものの，2 文目では友達の話題に焦点がずれている。一方で②は，2 文目で「そのレストランに行ってみよう」と結束性がみられる。文字にすると結束性の有無はわかりやすいものの，リスニングテストにおける錯乱肢（distractor）は①の 2 文目のような感じで，結束性のない文を基にして作成されているものが多い。

3．BICS と CALP

　Cummins（1984）は BICS と CALP という概念を提唱した。生活言語能力（Basic Interpersonal Communicative Skills: BICS）とは日常生活で使用する最低限度の言語能力のことである。場面や文脈が具体的であり，相手の表情やジェスチャーなど非言語的な要素が理解を手助けしてくれるため，認知負担度は低いとされる。一方で，学習言語能力（Cognitive Academic Language Proficiency: CALP）とは学習で使う言語の能力で，コンテクストは低いため，認知力の必要度が高いとされる。抽象的な事柄などを考えていかなければならないため，認知的な負荷が高い。

　このように，「日常生活」に必要な言語と「学習」に必要な言語の関係，つまり BICS と CALP の関係は，日常生活に必要な「算数」と，論理的思考

の学習に必要な「数学」の関係性に似ている。算数は日常生活で必要となる計算で正確な答えを出すことが目的で，一方，数学は微分など，日常生活では目にしない抽象的なものを使って「なぜそうなるのか」を理解し，表していくものである。算数ができないからといって数学もできないとは限らないが，算数を自由に操ることができれば，その分，数学的な思考に認知資源を配分できる。英語にしても，日常生活レベルの英語が自由に操ることができなければ，いざ学習言語である CALP が必要となったときに，思考よりも基本的な言語操作に認知資源を配分しなければならない。

英語を聞いたり読んだりして理解するには，低次と高次のプロセスが絡み合う複雑で高い認知処理を必要とする（川﨑，2014）といわれている。まとまりのある量の英語を理解するには，一貫性のある情報を心に描く必要がある（van den Broek & Gustafson, 1999）。

心の中で理解した英語をまるで「絵や映像」のようなイメージで描いた状態を心的表象という（第4章参照）。この心的表象を構築するには，字面を理解するだけでは足りず，推論生成が不可欠である（Graesser et al., 1994）。しかし，日本人英語学習者は，語彙や文構造などの下位レベル処理に困難を示し（Lim & Christianson, 2015），特に熟達度の低い学習者は下位レベル処理に多くの認知資源を配分せざるを得ないことがわかっている（Horiba, 1996）。つまり，言語を操る基本的な能力（BICS）が身に付いていなければ，一貫性をもって英語を理解し，思考を働かせるような能力（CALP）を身に付けるのは難しいであろう。

4. コミュニケーションにおける量と質

コミュニケーション能力があるということを，「たくさんしゃべる」ことと間違えて捉えられることがよくある。しゃべる量ではなく，「一言」でもよいコミュニケーションはできる場合もある。何かについて困っている相手の話を聞いて，ぺらぺら話すよりも，たった一言「I understand you.（よく理解できるよ）」などと言われたほうがよい場合もある。悲しんでいる相手に，黙って寄り添うこともコミュニケーションである。「沈黙」の是非は文化の

違いによるところも大きいが，例えば「怒り」の感情を表すとき，べらべら話すよりも，沈黙の方が怒りの具合がよく伝わる場合もある。したがって，どれだけしゃべるかではなく，相手に寄り添い，何をしゃべるか，あるいはしゃべらないかという「コミュニケーションの質」が問われる。「言っていることは正しいけど，あの言い方はないよね」，「何であの人は，あんな言い方しかできないのかな」というトラブルは母語であってもよく起きるものである。言語が話せることとはまた別に，「コミュニケーション能力」の必要性，特に社会言語学的な力の育成が重要である。話す内容に加えて，話す相手や場面に応じて適する言語選択ができるかどうかの能力である。

5. コミュニケーション能力を重視した言語活動

　声を出さない英語の授業は，体を動かさない体育の授業と同じである。どんどん学習者に声を出させていきたい。しかし，学習者が何か英語を発していれば，あたかもコミュニケーションをさせているかのような錯覚に陥らないようにしたい。例えば，事前に書き上げた原稿（台本）を学習者同士が互いに読み上げるのは本当のコミュニケーションとはいいがたい。

　また，学習者の動機付けとしてゲーム的な要素を取り入れることは決して悪いことではないが，しっかりとそこに伝え合うべき意味内容があるのか，言語的な学びはあるのか，つまり場面や言語機能が明確で，学習者にとって学びの意味があるかどうかが重要である。「コミュニケーション能力という言葉が，単なる『音声を中心とした軽いやりとり』といった程度に理解され，授業ではゲームやお遊び的な活動が中心となってしまった」という指摘がある（新里，1999, p.9）。飽くまでもゲームは手段であって，目的はコミュニケーション能力の育成であることを念頭に置く必要がある。

　ここでは，コミュニケーション能力の育成につながる三つの言語活動を概観する。どの言語活動においても，役割や場面設定を明確化し，活動の目的とゴールを学習者にしっかりと伝えたい。例えば，役割においても，力関係（立場）が上／下で異なっていたり，社会的距離が遠いのか近いのかであったり，目的達成のために，相手にかける負担が重いのか軽いのかであった

第 7 章 コミュニケーション能力の育成

り，いかに実際のコミュニケーションの場面とすることができるかがポイントである。

5.1. インフォメーション・ギャップ

インフォメーション・ギャップとは，情報に「差」があることであり，その「差」を利用してコミュニケーションの促進を図る。例えば，学習者Aと学習者Bがそれぞれ異なる情報をもち，互いの情報を交換・共有していく言語活動である。互いに異なる情報をもっていることから，自分には欠落している情報を「相手に尋ねる」，あるいは自分しかもち備えていない情報を「相手に伝える」必要性が生まれる。しかし必要性はあっても，必然性をいかに創作するかがポイントである。つまり役割や場面をいかに自然に設定するかである。例えば言語形式として There is / are（～があります）を使用するインフォメーション・ギャップ活動が考えられる。

（学習者Aのカード）　　　　　　（学習者Bのカード）

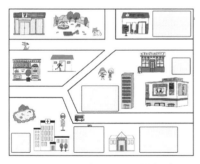
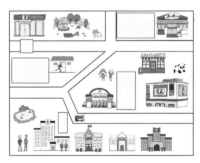

　　© にほんご教師ピック　　　　　© にほんご教師ピック

[Missing information]　　　　　[Missing information]
supermarket / zoo / school　　　café / post office

> 指示：Ask you partner about some missing information on your card. You can use a phrase like "Where is ○○○ ?"

学習者用のカードは,「日本語教師ピック」Web ページより引用
(https://nihongopic.com/terms-of-service/)

たしかに，自分にはない情報を知るために相手に尋ねる必要性はあるのだが，コミュニケーションの場面において，このような回りくどいやり取りを行う必然性は少ない。特にスマホ世代の学習者にしてみれば，地図を写真で撮って送るのが手っ取り早いであろう。

必然性を作るのにやはり必要となってくるのは役割と場面であり，役割や場面にギャップ（差）を設けることである。例えば，PC 操作がわからずにカスタマーセンターに尋ねてきた顧客と対応する担当者が電話でやり取りをしている場面を想定する。

（学習者 A のカード）

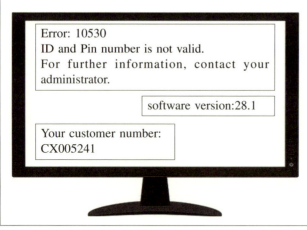

You are a customer. You don't know how to operate your computer, so you will call the customer center to inquire about it. The person answering the phone will ask you some questions. Answer appropriately looking at the screen.

Error: 10530
ID and Pin number is not valid.
For further information, contact your administrator.

software version:28.1

Your customer number:
CX005241

第 7 章　コミュニケーション能力の育成

（学習者 B のカード）

> You are a staff member of customer service center. Ask the customer the questions #1-3 in the manual and advise at the end.
>
> > Procedure manual
> >
> > #1　Check the customer information.
> > 　　Customer number starts from AX: end of support
> > 　　　　　　　　　　　　　　　　→ ask to buy new support service
> > 　　Customer number starts from BX: paid service
> > 　　　　　　　　　　　　　　　　→ ask to pay $20 for the service
> > 　　Customer number starts from CX: charge-free service
> > 　　　　　　　　　　　　　　　　→ proceed to the next step (#2)
> > #2　Check the version of software.
> > 　　Version 28.0 → need to upgrade
> > 　　Version 28.1 → check error number
> > #3　Check the error code.
> > Error: 10520
> > The user ID or password is wrong.
> > 　→ Check the CAPS LOCK key is off and be sure to use the correct user ID or password.
> > Error: 10530
> > The user ID and password is out of date.
> > 　→ Change the account ID and password for the task.
> > Error 10540:
> > The server is under maintenance.
> > 　→ Log in again after a while.

[Useful expressions]
　Could you tell me ○○?/ What does ○○ say?

　まず，PC 操作がわからずにカスタマーセンターに尋ねてきた顧客と対応する担当者では「立場」に差があり，一方は PC 画面，そしてもう一方は「対応マニュアル」を見ているという場面の「差」もある。このような「差」によって，情報を伝え合う必然性が生まれ，本当のコミュニケーションの場面につながる。

5.2. ロール・プレイ

ロール・プレイ (role play) とは，設定された場面状況で，与えられた役になりきって演技してみることである。role は「役」，play は「演じる」という意味であり，言葉への感情移入，役になりきって演技をすることで自分の立場に合う発言をしようとする社会言語能力，相手に理解を求めたり交渉したりする中で談話能力や方略的能力の向上が見込まれる。例えば，次のような場面状況・役割が考えられる。

場面（例）	役割
・先日買ったカメラが故障していたので交換を求める ・新商品の PC が無く，旧商品を値引きして買いたい	客と店員
・残業をお願いされたが，用事があって帰りたい ・給料の引き上げをお願いしたい	従業員と上司

ロール・プレイを成功させるには，決められた台本の部分と自由に話してもよい即興性のある部分とのバランスを取ることである。例えば上の「客と店員」の役割において，「先日買ったカメラが故障していたので交換を求める」場面設定を考えてみる。

(At a shop)
Customer: Hello.
Shopkeeper: Hello, how can I help you?
Customer: I recently purchased this camera, but it doesn't work when I turn it on.
Shopkeeper: Could I see it?
Customer: Here you are.

こまでは台本として全員同じセリフとし，この先は自由に話してもよい即興の部分とする。この続きは例えば，次のようなやり取りが考えられる。

Shopkeeper: I can't figure out the cause at a quick glance, so I'll have the manufacturer look into it.

> Customer: However, I need the camera the day after tomorrow for my daughter's entrance ceremony.
> Shopkeeper: Then, we can lend you a replacement camera.
> Customer: That is a good idea. Thank you so much.

このように，客としてカメラがすぐにでも必要であることをうったえかけ，店員から代替のカメラを貸してもらう案を引き出す学習者も出るであろう。または，次のようなやり取りも考えられる。

> Shopkeeper: The camera you purchased is on sale and cannot be replaced or repaired.
> Customer: However, since it has never been used, you should replace the camera.
> Shopkeeper: Because it was a sale item, we don't have the same type of camera in stock.
> Customer: Then, could you repair it or replace it with another product, even if it costs extra?
> Shopkeeper: That's fine. We will try to suggest another product.

　店側はルールに従って修理や交換できないと主張し，客としては追加料金がかかってもよいから修理か交換をしてくれないかと譲歩している。このような「交渉」も考えられるであろう。
　このように，交渉の過程や結論の部分を学習者にゆだねることで，意味交渉（negotiation of meaning）の必要性が発生し，談話能力や方略的能力の育成につなげることができるのである。
　ロール・プレイには「役割」が大切である。例えば，中学校における言語の使用場面例では「電話での対応」となっているものが，高等学校では「電話での応対」となっている。「電話での対応」は主に電話の取次ぎであるが，「電話での応対」は，電話で用件を果たすための会話を行う場面を想定している（文部科学省，2018c，p.56）。このように果たすべき役割とその場面を考慮する必要がある。

5.3. シナリオ

　シナリオ（scenario）とは，場面の構成や人物の動き，セリフなどのことである。次のように【A】と【B】の異なる立場を設定し，それぞれの役になりきって演じていくものである。この活動で大切なのは，自分の言いたいことを明確にしながらも，相手に対し礼儀を払うことである。互いに礼儀を大切にしながら，どこで妥協し得るかを交渉していく。

【A】
You will have a part-time job tomorrow, but you will also have an important test day after tomorrow. Please ask your friend for a shift (change).

【B】
You have an important friend. She will ask you for the shift change in the part-time job for tomorrow, but you will be very busy tomorrow.

5.4. ジグソー

　クラスを何人かのグループに分け，仲間との協同学習によって課題解決を図っていく学習法である。1970年代にアメリカの心理学者Aronsonによって提唱された。ジグソーパズルをイメージすると，色々なパーツを適するよう組み合わせて一枚の絵を完成させるように，各自が手に入れた情報を適宜組み合わせて，一つの情報として完成させる。ジグソー法を使用したリーディング（jigsaw reading）として，次頁のような例が考えられる。それぞれが読んだ情報をもち寄り，犯人像を絞っていくというゲーム感覚も取り入れている。

　高等学校学習指導要領解説（文部科学省，2018c, p. 83）では，「複数の論証文や記録文」などを「多角的な視点から分析する観点から，複数の題材を読み取る場合がある」ことに触れている。ある事柄に対して異なる視点から

書かれた複数の論証文や記録文などを,「それぞれの論点の違いを整理しながら内容を把握する活動」であり,まさしくこのジグソーのような活動を通して,複数の題材を扱うことが考えられる。

犯人は誰だ！ Find a criminal!

準備：3種類の異なるテキスト
　　　A, B, C の3人で1グループを構成する
概要：3種類の異なるテキストから得た情報をそれぞれがもち寄って,情報を統合していくことで,一人の犯人像を絞っていく活動である。英文 A は「被害者」からの情報,英文 B は「目撃者」の情報,英文 C は「鑑識」の情報である。

[A] Two men took my bag away from me. They approached from the east on a motorcycle. Both of them were wearing red helmets, so I wasn't able to see their faces. However, I saw them wearing dark shirts. They wore white pants. The man in the back seat wore black boots.

[B] When I had just left the supermarket after shopping, I saw two men on a motorcycle. Immediately, they started running and I heard a scream from a woman. They looked both small men. One of them had tattoo on his right arm. Both of them wore short-sleeved T-shirts. The motorbike was running to the west to the station.

[C] Upon examining the scene, it appears that they damaged part of the motorcycle when they took the woman's bag. The piece of bike was found at the scene. One of the gloves that appeared to belong to them was also found on the ground.

考えられる活動：3人の情報をもち寄って,犯人像を絵で描きなさい。

これらのコミュニケーション能力を重視した言語活動は,教科書の本文と切り離した特別のものであってはいけない。学習者が読む教科書本文の「テ

キストタイプ」の適性を理解し，それに見合った言語活動を取り入れるべきである。表7.2は，紹介した言語活動がどのようなテキストタイプの本文を読んだ後に適合するかをまとめたものである。ただし，インフォメーション・ギャップは，未知の情報を交換し合うことを前提としているため，プレ・リーディング活動として活用するか，本文のテーマと関連する別の初見英文を流用することが考えられる。

　教師が目の前の学習者の熟達度を考慮し，テキストタイプに見合った言語活動を選択して，本文読解活動後に取り入れると効果的である。

表7.2.　言語活動と本文読解で扱ったテキストタイプ

言語活動	適合するテキストタイプ例	活用方法例
インフォメーション・ギャップ	テキストタイプ全般	（プレ・リーディング活動として）これから読む教科書本文の内容について，学習者AとBが異なる情報をもっているようなハンドアウトを作成し，情報を交換させる。
ロール・プレイ	会話文	会話に出てくる登場人物たちになりきって演じる。教科書本文のテーマと関連して，教師が学習者に対し，互いに譲歩したり，協働したりして，解決するべき課題を設定する。
シナリオ	論説文	読み手を納得させたり，説得したりする論説文を読んだ後，本文に関連することに関して「あなたならどうするか」を，教師が学習者に対し，場面や条件を明確に設定して，意見を発信させる。
ジグソー	説明文	ある事柄に関する説明を分担して読み，その情報をもち寄って統合させ，話の全体像をグループでまとめる。どの部分を切り取っても読解が成立する説明文が適している（話に展開のある物語文には向かない）。

▶ 振り返り問題

1. Canale (1989) の定義に基づき，コミュニケーション能力の4要素を説明しなさい。
2. BICS と CALP について説明しなさい。

▶ Discussion Examples (No.14)

あなたの考える「コミュニケーション能力が高い人」とは，どのような人を指すであろうか。

Aさん　コミュニケーションとは，相手の文化を理解し，尊重して意思疎通し合うことで，それを踏まえて会話を広げることができるというのが，コミュニケーション力が高いということだと思います。また，言葉でのコミュニケーションもそうだけど，目の表情など，言葉を交わさなくても伝わってくるものだと思います。何かしらの手段を通して，相手に自分の想いを伝えられるのが上手なのも，コミュニケーション力が高いということだと思います。

Bさん　コミュニケーションは，相手に自分自身のことや自分の意見を伝え，相手の話を聞いて，お互いのことを知るきっかけだと思います。また，コミュニケーション力が高いとは，自分自身をよく理解した上で自分をうまく言葉で表現でき，相手の話を聞いて相手を理解し，会話を広げていくことだと思います。

第8章　4技能の指導①　リスニング

　本章は4技能のうちリスニングに焦点を当てます。リスニングは，相手が話すスピードに依存し，流れる音声は目に見えないため，すぐに脳裏から消えていくという処理の難しさがあります。消えていく音声から素早く表面上の意味を処理し，相手の意図や置かれた場面状況も加味した深層の意味を確定していくことは，決して容易ではないでしょう。その難しさを十分に理解し，どのような方策がリスニング力の向上に寄与するのかを考察します。

> ▶ **Discussion Points**
> No.15　学校現場では，どのようなリスニング指導が行われているであろうか。あなた自身が受けてきたリスニング指導とはどのようなものだったであろうか。
> No.16　学校現場では，リスニング指導は十分に行われているであろうか。もし十分ではないとしたら，その原因は何であろうか。

▶ **Keywords**: スキーマの活性化/真正/インタラクティブ処理/ボトムアップ処理/トップダウン処理/理解可能なインプット/包括的リスニングと選択的リスニング/ディクトグロス

1.　リスニングとは

　リスニングは単に個々の語の音を聞く作業ではない。聞き手がすでにもっている経験や知識，文脈，場面などに基づいて音から得られた情報を処理

し，話し手の意図や意味を理解するプロセスである。リスニングは，「4技能のうちで使用される時間が最も長い」といわれているのに，「指導があまりなされていない技能」ともいわれている (Shimizu, 2015)。なぜ現場では，リスニング指導が手薄になってしまうのだろうか。リスニングは目に見えない「音」を扱うが，目に見えない音を教材化しようとすると，どうしてもリスニング「テスト」になってしまいがちである。リスニングテストになると，どれが正解だったのかという「答え合わせ」とその解説に終始してしまったり，教科書の内容とは分離したリスニング副教材による単発の指導になったりしがちである。リスニングテストを何回繰り返しても，テスト形式に慣れることはあっても，リスニング力そのものは向上しない。本物のリスニング力を付ける指導とは，場面や概要の把握，内容語 (contents words) を中心とした聞き取りのポイントなど，リスニングプロセスの指導である。言葉を聞いて理解するということは，話し手に共感する，つまり反応することも含まれる。したがって，うなずいたりする反応もリスニングで同時に指導するべきである。次のセクションでは，教科書のコンテンツを用い，リスニング「テスト」にならない指導を目指すにはどうしたらよいか考えていく。

2. 授業におけるリスニング指導の場面

2.1. 本文の朗読音声

教科書本文に入っていく際，本文の朗読音声を流す指導が見受けられる。何の指示も出さずに，ただ単に本文の朗読音声を流し放すのはリスニング指導にはなっていない可能性がある。教科書の該当ページを開かせ，文字を見ながらのリスニングも問題である。学習者はまだ読んでいない英文を，文字を追いながら流れていく音声を聞き，同時に意味も考えることになり，負荷が大きすぎる。本文の朗読音声を聞くことは，内容理解が終わり，学習者が意味をある程度つかんだあと，文字と音声を結び付ける指導の一つとして行うべきである。

2.2. コミュニケーションの中で行われるリスニング

　まず授業におけるリスニング指導で効果的な場面は，英語教師と学習者，あるいは学習者同士でインタラクションをしながら，これから読む英文のスキーマ（schema）を活性化させる過程である。これは本文に入る前のオーラル・インタラクション（oral interaction）で実践することができる。教師と生徒，生徒同士の自然なやり取りはコミュニケーションそのものであり，話し手の発言の意図や意味を，文脈や場面を考えながら理解していく，まさにリスニングにおける本物のプロセスにほかならない。話される速さについても，聞き手の理解度に応じて調整しやすい。

　教師と生徒，生徒同士の自然なやり取りの中で，"Aha"（なるほど）などの相づち（response）のほか，"Indeed"（確かに），"Absolutely"（もちろん）など，相手を受け入れる受容的態度を表現する指導も大切なリスニング指導の一環といえよう。

　また，学習用教材として編集された既製の朗読音声（read speech）だけでなく，自発音声（spontaneous speech）のような自然な発話を聞かせることも重要である。このような教材を真正（authentic）という。有名人のスピーチや TED（Technology Entertainment Design）のような世界中の著名人による様々な講演会の配信も活用したい。ただし，教材として偏見のない公正な内容となっているか，真実が述べられているか，学習者の熟達度に適する難易度であるかなどを，教師の目と耳で確認してから学習者に視聴させることが重要である。

2.3. リスニング前の新出語彙の導入

　リスニングにおいて，新出語彙を前もって指導することが，果たしてよい準備になると言い切れるのかという懸念がある。和泉（2009, pp.74-76）によると，Chang and Read（2006）は，新出語彙の先行導入という予備指導が，リスニングの理解度にどのような影響を与えたかを調べた。その結果，予備指導として語彙を教わったグループは，予備指導なしのグループよりも理解度が低かったと報告している。この検証はリスニング力を上位・下位で分けており，特にリスニング力上位群では，リスニング前の語彙指導はマイ

ナスの効果さえ生じてしまったという。和泉はこれを，リスニングにおけるインタラクティブ処理（interactive processing）ができなくなった結果なのではないかと分析している。リスニングにおいて，音声，語彙，文法などの言語知識を使って行うボトムアップ処理（bottom-up processing）と，背景知識や状況知識を使ったトップダウン処理（top-down processing）の両方が関係しており，双方が密接に関連して起こるのがインタラクティブ処理である（和泉, 2009, p.75）。「木を見て森を見ず」(You cannot see the wood for the trees.) ということわざにあるように，リスニングの準備として新出語彙の先行導入を行えば，一本一本の「木」，つまり一語一語の「語句」に集中させすぎる可能性があることを示唆している。適するタイミングで，適する指導を行うことを，薬とワクチンの関係に例えるならば，風邪をひいてから風邪薬を飲めば良薬であろうが，元気な人が予防のために飲んでも意味はない。一方で，ワクチンは元気な人に打つから効果があるのであって，病気の人に打つものではない。つまり，よい活動であっても，適さない場面・ステップでは害となることもあり得るのである。リスニング前の新出語彙の指導など，先回りして教授することが常に正しいとは限らないのである。

（薬とワクチンの関係性を表したイメージ図）

3. リスニング指導の内容

3.1. トップダウンとボトムアップ

　リスニング指導で重要なことは，どのような場面で（例：店舗，空港，授業など），「だれ」が「だれ」に対して話しているのか（例：客と店員，客室乗務員と乗客，生徒と先生など），話し手の意図は何なのか（例：商品の交換を申し出ている，座席の移動を申し出ている，課題の説明をしているなど）を大きく捉え，全体として何を伝えようとしているのかを把握するトップダウン型（top-down）の聞き取り指導をまずは行うことである。大きく概要を捉えることができたら，具体的な細部（例：日付けや数字，人数や条件など）などを聞き取るボトムアップ型（bottom-up）の聞き取り指導を行いたい。母語であれば，1回のリスニング機会でトップダウンとボトムアップを上手に切り替え，概要（全体）把握が要点把握の手助けを，また要点把握の積み上げによって概要（全体）把握の手助けを相互に行うインタラクティブ処理を自然に行っていることが多い。しかし，日本人英語学習者にとっては，まだインタラクティブ処理を上手に行えない状態であるから，網羅的にではなく，聞き取りの目的を限定したトップダウン型リスニングから入り，クラス全体で「話全体として何を伝えようとしているのか」を確認してから，細部を聞き取るボトムアップ型リスニングに移行するのがよい。聞き取る視点や目的を変えながら同じ話を何度も繰り返し聞かせるような step by step のリスニング指導を行いたい。リスニングは情報を耳から入れる行為だが，理解可能なインプット（comprehensible input）が大切である。1回目は話全体を聞き取り，学習者の既有知識なども確認させて，ある程度の大枠が理解可能な状態にさせてから，細部に関する指導をすることが大切である。

3.2. 包括的リスニングと選択的リスニング

　学習者が「このくらいの長さの英文」だと把握し，流れる英文の概論をつかむような，話の概要や要点を聞き取ることを目標とする方法を包括的リスニング（global listening）という。この指導においては，例えば教師が What is this story about?/Where is the speaker? などと全体を捉える発問

をすることが考えられる。一方で，必要な情報に焦点を絞って，課題の遂行に必要な情報だけを聞き分けることを選択的リスニング（selective listening）という。この指導においては，例えば教師が How much does he need to pay?/When should she go to the store? などと，具体的に細部を問うような発問が考えられる。選択的リスニングは，リスニングのポイントを学習者に意識させることにつながり，一般的にはボトムアップ処理を促すことになる（望月他, 2018, p. 126）。

3.3. 読み上げスピードと回数

　読み上げスピードが速すぎることからくるリスニングの困難さについて，望月他（2018, p. 133）は竹蓋（1984）を引用して，「全体のスピードだけでなく，1文の長さとポーズの数に問題があることが多く，単に機械的にスピードを落としたり，逆にゆっくりすぎたりしても効果がない」可能性を指摘している。つまり，文と文のポーズや文の長さにも配慮が必要なのである。

　リスニングテストにおける読み上げ（放送）回数は，2024年時点で，大学入学共通テストでは第1問と第2問では2回，第3問以降では1回である。英検は級や問題パートによって読み上げ回数は異なるが，1回が主流であり，TOEICやIELTSは全問1回であり，リスニングテスト全体として1回のみの読み上げとする傾向にある。インタラクティブ処理の成果を問うリスニング「テスト」においては，1回のみの読み上げという考え方が主流となってきているが，教室での指導においては包括的リスニングと選択的リスニングなど，目的を変えた複数回のリスニングが効果的である。概要と細部が無理なく聞き取れる，つまり内容が理解できるようになった英文を繰り返し聞くことが，インタラクティブ処理のよい練習となるはずである。リスニングを指導することは，リスニング「テスト」をすることではない。聞き取る視点を変えながら必要に応じて繰り返し音声を流し，聞き取りの負担を軽減させながらリスニングの「プロセス」を指導したい（文部科学省, 2018c, p. 23）。

4. ディクトグロス

　聞き取りのポイントを自分でわかるようにさせるのも，リスニング指導では重要である。聞き取りのポイントが適切かどうかを指導するには，リスニング中にメモを取らせることである。書き取ったメモから，聞いた話のアウトラインを復元することができるならば，聞き取りのポイントが適切だったと判断することができる。聞いたことを適切にメモし，そのメモから元の話を復元する活動をディクトグロス（dictogloss）という。リスニング能力の向上に寄与するのみならず，複数の領域を効果的に関連付け，技能間の統合を意図した総合的な活動として効果があるといわれている（前田, 2008）。

▶振り返り問題
1. インタラクティブ処理とは何か説明しなさい。
2. 包括的リスニングと選択的リスニングについて説明しなさい。

▶Discussion Examples (No. 16)
　学校現場では，リスニング指導は十分に行われているであろうか。もし十分ではないとしたら，その原因は何であろうか。

Aさん　私は受験対策として，授業ではリスニング指導が行われていたのを覚えています。1回目のリスニングでは問いに対する部分に着目して聞き，もう一度音声が流れて，今度は全体の概要をつかんだり，解説を受けたりしました。やはりリスニング指導は，受験に役立つ指導という前提があるのではないでしょうか。

Bさん　リスニング指導は，本文に入る前に，ある程度は行われていたと思います。教科書の内容について，全体部分を聞き，話の要点をまとめるようなリスニングもありました。また，本文を読み終えた後，1文ごとに区切って流れるCDの音に続けて音読したりする指導もありました。

第9章　4技能の指導②　リーディング

　EFLとして英語を学習している日本人にとって，書き言葉から得る情報量は依然として多く，読むことは授業の大きな柱です。では，本当に「英語が読める」とか「読んで理解する」というのは，どのような状況をいうのでしょうか。AIが発達し，英文を入力すれば訳が瞬時に出てくる今日において，本当に英語が読め，読んで理解できることの意味と意義について考えましょう。

> ▶ **Discussion Points**
> No. 17　英語で英語を読むには，どのような指導が考えられるであろうか。
> No. 18　英文を読んで理解するとは，どのようなことを意味しているのであろうか。

▶ **Keywords**: 表層的レベル／命題的テキストベース／心的表象／状況モデルの構築と更新／前向き推論・後ろ向き推論／橋渡し推論・予期的推論／当て推量／構音リハーサル／音韻ストア／音読

1. リーディングとは

　第二言語読解には単語認知や構文解析，推論生成など複数の要因が関わる（Grabe & Stoller, 2020）。学習者が英語を読んでいるとき，どのような読解プロセスをたどり，最終的に何をもって英語が読めていると判断できるか

について，van Dijk and Kintsch（1983）は読解のプロセスを三つに分けて説明している。その三つのプロセスとは，①表層的レベル（surface-level comprehension），②命題的テキストベース（text-based comprehension），③状況モデル構築（the construction of situation models）である。例えば，I don't like you, but I love you. という歌詞（英文）がある。①表層的レベルでは，don't という否定形や like/love という語のもつ意味の解釈が起きる。そして②命題的テキストベースでは，私（書き手）はあなたが好き/嫌いという文単位での意味理解が生じる。しかしながらこの二つのプロセスだけでは，I don't like you, but I love you. と書かれた英文に対する書き手の意図や深層の意味理解はできない。この歌詞は，「君なんて私の好きなタイプじゃない，なのに君のことが好きになってしまったんだ。」ということを表現しているものと思われる。

　AI が発達し，I don't like you, but I love you. という英文を入力すれば「君のことは好きではないが，愛している」という訳が瞬時に出てくる（実際の ChatGPT 訳のママ）。しかし，その英文（訳）がもつ深層の「意味」や書き手の「意図」まではわからない。つまり，文単位の理解だけでは，これまた足りないのである。そこで大切になってくるのは③状況モデル構築である。状況モデルとは，自分の経験やもっている知識あるいは推論をまじえて，脳裏に場面状況をイメージ化して描いたものである。I don't like you, but I love you. という場面状況が，自分事として脳裏にイメージ化できるかどうかが，本当に英文を読んで理解することにつながる。特に文字（英文）を読むということは，音が消えていくリスニングとは異なり，前の部分に読み戻ったり，あるいは一部を飛ばして読んだりも可能である。目線を止めて，自分の人生から経験を探し出し，英文と重ね合う時間があるのもリーディングの特性である。そのような意味においても，登場人物の心情を推論したり，場面状況や因果関係を推論したりしやすい技能である。その推論生成に大きな影響を及ぼすのが，読み手の経験値や適性である。

　先ほどの歌詞に戻ると，この曲の 2 番には I don't want you, but I need you. という歌詞が登場する。この 2 番の歌詞を，先行して登場した I don't like you, but I love you. の意味に重ねて読んで，先に推論したことの「答

え合わせ」をしたり，推論が誤っていた場合には修正したりすること（状況モデルの更新）も起き得よう。英語を読むプロセスは，単語や構文を分析して意味を理解し，経験や想像から推論生成をして場面状況を描き，読み進めていくうちに意味を確定したり，修正したりすることを指す。卯城（2009, p.7）は，読解について，「どのような状況なのかを描くような読み方をすることが大事」と述べている。一文読み進めるごとに，英文から得られる情報と読み手がもっている背景知識を統合させながら読み，解釈のずれが生じた場合に，それに気付いて修正していくことが必要である。リーディングにおいて読み戻りができないと理解度が下がってしまう（Schotter et al., 2014）という研究結果からわかるとおり，リーディングは先行して読んだ英文から得た情報と現在読んでいる英文情報との照合をし，そこに読み手の背景知識や推論を重ね合わせていく認知負荷の高いスキルなのである。

　たしかに，AI はデータが豊富であり，英文の訳のみならず，「このような意味で書かれているかも」という推論までも，人間の代わりにしてくれる。しかし，人間が推論をし，考える楽しみを AI に託してはもったいない。AIを使用することは，便利かもしれないが，人間の楽しみを奪うことでもある。指導者が，学習者に対し，読むことの楽しさをどれだけ伝えられるのかを試されているのである。いくら機械が発達しても，マシーン対人間の 100 メートル競走など行っても意味はないし，競技場で観戦してもつまらないのと同じく，教科書の英文を AI にかけて訳を出したところで，「自分の何を高められたのか」という点で空しくなってしまうくらいに，学習者が納得するリーディング指導ができるかである。

2. 授業におけるリーディング指導の場面

　読むことには，黙読（silent reading）と音読（reading aloud）がある。また，同じ音読でも，内容理解の前の音読と内容理解の後の音読では，音読の果たす役割が異なってくる。内容理解の前に行う音読は，内容理解を助けるための音読である。例えば，Words are not only the tool we use to communicate our feelings. という英文があったとしよう。この英文は，Words are not only the tool / we use / to communicate our feelings. と区切れ，we use という S + V 及び目的を表す不定詞が後置修飾している。コーラス・リーディングなどで，それぞれにややポーズを入れて音読することで，意味の区切り（sense group）から内容理解につなげることができる。また，英語はスペリングと発音がずれていることが特徴の言語である。音としてはカタカナ語にもなっていて馴染みがあるものでも，スペリングからは意味が想像しにくいものもある。それらの語句を音読することで，「カタカナ語にもなっているあの語だったのだ」と気付かせることができる。一方で，内容理解の後の音読は，内容についてはある程度理解しているため，文字と音声を結び付ける活動となる。この段階では，コーラス・リーディングにとどまらず，会話文であればペアでの音読練習や記憶への定着を意識した read & look up など，多彩な音読練習の方法が考えられる。

3. リーディングにおける新出語彙の導入

　リーディングにおける語彙指導で大切なことは，教材研究の段階で，読解前に指導すべき語彙と，無視してもよい語彙を分けることである。新出語彙の導入は，飽くまでも必要な語彙，つまり意味がわからないと読解中に支障となる語に限定するべきである。というのも，新課程では新出語彙が増加し，中・高等学校で合わせて，旧課程では3000語だったのが，新課程では3400〜4300語となっている。語彙指導にかけられる時間は限られているから，授業で全ての新出語彙の「意味」を教えることではなく，語彙習得の方法つまり「語彙習得ストラテジー」を教えることが重要である。予習と称して「まだ読んでもない本文の新出語彙」を宿題で調べさせることは，時間対効果が釣り合っているのか考察が必要である。また，語彙習得ストラテジーの観点でいえば，古典的に行われていると思われる「発音しながら紙にスペリングを書いて覚える」ことは本当に効果があるのかなど，科学的な根拠も重要である。しかしながら，英語学習者の先輩として教師自身の学習経験を語ることも，学習者にポジティブな影響を与えるであろう。

　先に述べた「読解中に支障となる語」とはどのような語彙だろうか。図の

ように，新出語彙を4象
限に分けて考えるとよい。
まず縦軸は「推測の可能性」
である。大文字で始まって
いるので固有名詞だとか，
後ろに such as + 具体例が
書いてあるなど，推測がで

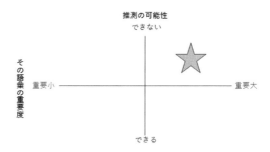

きるものである。これを先回りして教えたり，文脈から切り離して調べさせ
たりするのは，学習者の推測の機会を奪ってしまうことになり，もったいな
いことである。そして，横軸は「語彙の重要度」である。繰り返し出現され
るようなキーワードや，この語の理解がなければ文全体あるいは段落全体の
理解に支障が出たりするようなものである。これらを軸として4象限を考
えると，事前に指導が必要なのは，第2象限にくる「語彙の重要度が大」で
「推測の可能性が低い」語彙となる。

4. 読解発問

　本章セクション1「リーディングとは」において，表層的な読解のみなら
ず，深層的な読解につなげるために，自己の経験と重ね合わせたり，推論し
たりして状況モデルの構築を目指すことの重要性を述べた。では，この状況
モデルの構築を促すにはどのような読解発問が考えられるのかをみていく。
セクション1「リーディングとは」で述べた①表層的レベルや②命題的テキ
ストベースの理解を確認するには，事実確認のための発問 (fact-finding
question) が挙げられる。この発問の中でも，T/F で答えさせるものや，そ
れを少し発展させて T/F/NG (Not Given) のように，T/F のみならず「本
文に書かれているか否か」までを考えさせると難易度を上げることができる。
多肢選択 (multiple choice) にするか，文中から語句を探して書かせるのか
も難易度を左右する。しかしながら，教師の発問に答えられたからといって
内容を理解しているとは限らない。特に事実確認の発問において，本文と発
問の英語表現が同一，あるいはほぼ同じ場合（言い換えがなされていない場

合），きっとここを書き写せばよいといういわゆる「コピペ」による解答の可能性もある。

　③状況モデル構築に関しては，自己関連発問（referential question）や推論発問（inferential question）が挙げられる。自己関連発問では，What would you do if you were in his position?（もしあなたが彼の立場なら，どうしますか）のように問いかける。Maeda (2017) は，教師が自己関連発問をすることによって，学習者は自分事として英文を読もうとするため，内容理解自体の促進が期待されると報告している。推論発問は本文には書かれていないことを考えさせる発問である。この発問には，後ろ向き推論（backward inference）と前向き推論（forward inference）の2種類がある。例えば，I dropped my smartphone. I must buy a new one. と書かれた英文において，What happened to his smartphone? と発問すれば，多くの学習者は，His smartphone was broken. と答えるだろう。「スマートフォンを落とした」と「新しいものを買わないといけない」の間に存在する，書かれていない事実として「落としたスマートフォンは壊れてしまった」という推論が生成される（前田，2021）。このように書かれている複数の情報から，書かれていない情報の推論は，後ろ向き推論の中でも橋渡し推論（bridging inference）といわれる。一方で，A woman has a heavy shopping bag. と書かれた英文において，What happens to her? と発問すれば，She has a big family./She will take a taxi./She bought a lot of items at a discount store. などと多様な推論が生成されるだろう。一つの事実から場面状況を豊かにする目的で推論が行われるため精緻化推論（elaborative inference）といわれる。その中でも，She will take a taxi. のように，次の場面を予測する推論を予期的推論（predictive inference）という。

　教師はこれらの発問を組み合わせて読解を進めることになる。しかしながら，橋渡し推論は答え合わせができる程度に解答は定まってくるが，自己関連発問や精緻化推論は，読み手の経験値や適性によってばらつきが生じ，教師にとっては多数の意見をまとめにくいため，限られた授業時間内では扱いにくい発問である。ただ，自己関連発問や精緻化推論は読解へのかかわりを深め，読み手のコンテスト処理をより容易にし，状況モデルの構築を促進さ

せるため，読み手によって有益なものであるといわれている（Allbritton, 2004; Linderholm, 2002）。また，Bruner（1973, p.64）は，「推論すること を厳しく禁止しすぎると，あらゆる種類の思考が制限されてしまう」と指摘 している。同時に彼は，推論は「検証され，確認されなければならない」と いう重要な点を指摘しており，推論が直観的思考力を発達させる方法と見な している（磯部，1981）ものの，推論させて終わりではなく，推論が正し かったのかの検証までする必要があると主張している。

具体的に教科書の英文から，どのような発問が，読み手の背景知識や推論 生成につながるのか考えてみる。

> Channels also changed the image of the color black, which was usually used for mourning dresses. After she produced "the little black dress" in 1926, black became a popular color for dresses (LANDMARK Fit English communication II, p. 56)

この英文において，①表層的レベルや②命題的テキストベースを確認する発 問であれば，What color did Channels make popular for dresses? などの事 実確認発問が有効であろう。しかし，たとえ読み手が本文に基づき She made the color black popular for dresses. と答えられたとしても，なぜシャ ネルが「黒」を人気の色にしようとしたのか，Channels also changed the image of the color black の文意（真意）を考えさせられていないのである。 これを考えさせるためには，In your everyday life, when do you wear black clothes? と問いかけて背景知識を引き出す必要がある。読み手が，I usually wear black clothes in a formal situation. や I usually wear black clothes in ceremony. などと答えたら，What image do you have in black clothes? と考えさせ，I have a negative image to the color black because when people pass away, we usually wear black clothes. などと生徒から引 き出す。本文の Channels changed the image of the color black. How do you think the image of black was changed by Channels? と推論させる。 ある生徒からは，Some people had had a negative image to the color black, but they changed it to the positive images such as elegance or calmness. という意見が出てくるであろう。読み手の背景知識や推論がなければ，単に「シャネルが黒を人気の色にした」とだけ読み取って答えても，内容理解は深まらないであろう。

　教師の読解発問で気を付けねばならないのは，先に述べたどれにも当てはまらない，意見や感想を尋ねる質問（例：What do you think about this?/ How do you feel when you read it?）である。Maeda（2023）によると，日本人英語学習者は，読解中に多くの感想生成を行ったり，本文根拠に基づかない当てずっぽうの推量（当て推量）をしたりが多いことがわかっている。感想を述べることや枠にとらわれない想像をすることは決して悪いことではないが，「読書感想文」という伝統的な宿題に代表されるように，読んでからの個人的な思い（感想）だけではなく，本文を基にした根拠から読み取るリーディング指導が重要である。自己の感想や意見と他者のそれらの区別が指導の時点で必要である。

5. 具体的な英語での内容理解の方法と問題点

　本章セクション4で，読解発問を活用した内容理解について記した。ここでは，読解発問以外の手法で，英文理解を進める方法について概観する。

5.1. オーラル・インタープリテーション (oral interpretation)

　子どもに絵本を読み聞かすイメージで，パラフレーズも用いながら本文を読み進めていく。基本的に教師が英文を音読していくが，声に出して読んだだけで意味理解まで行われたかのような錯覚があるとすれば危険である。言語形式よりも意味に重点を置いてパラフレーズが行われることが多く，品詞に対する学習者の意識が薄れることがあり，意味中心の授業であるほど学習者の品詞の概念が崩れる危険性について報告されている（前田・岡野定, 2010）。イラスト，写真，映像を用いることも効果的だが，ぴったりとくるものを準備するのが難しい場合もある。教師が読み聞かせていく分，一方的な説明になりがちである。

5.2. インフォメーション・トランスファー (information transfer)

　読んだ英文の情報に関して，書かれている情報の形式を変えてまとめる活動である。例えば，「読んだ内容について，4枚の絵で表現してみよう」「時系列に着目して表にまとめてみよう」「自分の言葉（英語）を使って書き換えてみよう」「英語で（日本語で）要約してみよう」「質問を作って友達に尋ねてみよう」「テキスト内のデータを表やグラフにまとめよう」「マインド・マップ（mind map）を作ろう」のように，英文内容を別の形に変えて，まとめていく読ませ方である。読んだ情報を整理し，再構築させることで，意味理解が促進されたり，学習者中心の能動的な活動にしたりすることができる。しかしながら，学習者が「絵」などにまとめたものをどのように答え合わせをするか，そのまとめたものをどうコミュニケーションにつなげるかが課題である。

5.3. フリー・リコール (free recall)

　英文を読ませたあと，「読んだ内容について覚えていることを何でもよいから思い出しなさい」と指示をして，ペアで話させたり，一人で書かせたりする。なるべく本文に出てきた順に，たくさんの情報について話すよう指示する。この活動をさせる前には，何も発問を与えないで黙読をさせる，つまり，筆者とのコミュニケーションの時間を大切にさせることが大切である。その一方で，「○○の情報に留意しながら黙読しよう」，「黙読後，ペアで内容を話し合ってもらうので，できる限り内容を覚えるような読み方をしてみよう」などと，あらかじめ目的を強調して指示することも考えられる。その指示（目的）によって，生徒の読み方（覚える情報）に差が出てくることが予測される。問題点としては，話させたり，書かせたりするだけで終わらせず，次にどのような活動につなげるのかを考える必要がある。活発な話し合いになるか否かは，ペアにもよる。また，話の初めのほうがより記憶に残りやすい初頭性効果（primary effect）や話の最後のほうがより記憶に残りやすい親近性効果（recency effect）の影響を受ける可能性もある。

■読んだ話について何でもいいので覚えていることを**日本語で書いてください**

> ＊日本語でできるだけたくさん書いてください（時間制限なし）
> ・ニューヨークはアメリカで最初にメニューにカロリーもかくことを法律とした。
> ・ファストフードは脂肪とカロリーをもっている。
> ・ファストフードとレストランは実際どちらの方がカロリーが高いのかわからない。
> ・メニューにカロリーをかくことを求めた。
> ・カロリーが高くて、お客さんがこなくなる
> ・よく知られているファストフード店は商品を小さくした。ヘルシーとせる客が選んだ。
> ・~~レストランは~~ コーヒーショップはわずか特にかえてコストダウンした。
> ・調査はお客さんがこなくなるか証こではっきりできなかった。

5.4. 思考発話法 (think-aloud)

一文読ませるごとに「何が書いてあった？」と事実確認をしたり，「次に何が書かれていると思う？」と予期的推論発問しながら，学習者が思っていることや考えたことを言わせる活動である。「次にどんなことが書かれていると思う？」「次はどうなると思う？」と問いかけることも，予期的推論の能力を向上させることにつながる。しかしながら，この読ませ方は多種多様な推論が出てくるため，教師にとっては収拾させることが難しく，個別指導には適するが全体指導には向かない。

6. 音読について

英語で授業を行うことが基本となり，日本語を使った説明型の授業はかなり減ってきている。その代わり，学習者に英語を声に出させ活動させるのはよいのだが，声に出しているからといって内容を理解しているとは限らないことに留意したい。Repeat after me. と言って教師の後に続けさせて，学習者がそれをうまく繰り返すことができたとしても，そのあとで，意味を確認したら，全くわかっていなかったということがないようにしなければなら

ない。

　文章を黙読していても，心の中で「声」（内声：inner voice）が聞こえてくるのを経験したことがあるのではなかろうか。文章を推敲したり，少し難解な文章を読解したりするとき，小声で文字を音声化した経験もあるだろう。たとえ黙読であっても，目から入った情報，つまり文字情報は構音リハーサル（articulatory rehearsal process）を経て，心の中で音声化され，音韻ストア（phonological store）へ情報が貯蔵されるといわれている（Baddeley, 1986）。つまり，文字を音声化する（音韻符号化：phonological coding）能力が言語理解にとても重要だといえる。母語（この場合は英語）の話であるが，「幼少期における音読の正確さが，将来の英文読解力を予測できる」ともいわれている（望月他，2018, p. 153）。次では，様々な音読指導の方法を概観する。

6.1. コーラス・リーディング（chorus reading）
　文字と音声を結び付けるために，教師の模範音読の後に続けて全員で声を合わせる音読である。集団で声を出すので安心感はあるが，声に出すペースが全体に引っ張られ，「独特のイントネーション」となってしまう可能性もある（卯城，2009, p. 8）。

6.2. バス・リーディング（buzz reading）
　SNS 上で「バスる」という言葉があり，多くの人の注目を集め，人々がざわめく様子を意味する。英語の buzz が語源であり，バズ・リーディングとはざわつくように生徒が自分のペースで音読練習する。個別練習のため，終了させるタイミングが難しい。立たせて取り組ませ，終わった生徒から座らせるのも一つの方法だが，最後の方に残った生徒は慌ててしまうこともある。したがって，教師もバズ・リーディングに参加し，声を出す最後の一人が教師であるよう安心感のある雰囲気を作りたい。

6.3. シャドーイング（shadowing）
　自然な音声を身に付けるための練習でもある。モデル音声から少し遅れて

発音させるが，クラス全体で行うと，声がそろってしまいやりづらいこともある。音声を聞いた直後に音を追いかけて音読するスピードが求められ，意味理解が生じにくいため，初見の英文よりも意味理解の済んでいる教材を用いるとよい。

6.4. リード・アンド・ルックアップ (read & look up)

1回目（あるいは2回目も）は教師に続けて本文（文字）を見ながら発音し，2回目（あるいは3回目）で教師の"face up"という掛け声を合図に，何も見ずに顔を上げて音読する。記憶に刺激を与えることができるが記憶に負荷をかけ難易度が高いので，意味理解が適切に終わっており，ほかの方法で十分に音読練習を済ませておく必要がある。

6.5. スター・ウォーズ・リーディング (time race reading)

映画『スター・ウォーズ』のエンドロールが，画面下から上に流れていくように，スクリーンに英文を下から上に流れるように提示して，画面から消える前に音読させる，音読のスピードを上げるための練習である。また，カラオケのように読み上げている個所の文字の色が変わっていく機能が多くのデジタル教科書に備わっている。しかし，意味理解やほかの方法での音読練習が十分に終わっていないのに音読の速度だけを求めると，速く読もうとして，フラットで早口の音読，いわゆる「お経読み」を助長することになってしまうので，十分に注意する必要がある。脱落（elision），連結（liaison），同化（assimilation）などの「音の変化」をしっかりと指導して，その結果として，音読が速くできるようにさせたい。

6.6. なりきり音読

ただ単に英文を声に出して読むのではなく，その場面状況や登場人物になりきって音読することも大切である。感情をこめて音読するということもで

きる。例えば「悲しみ」を伝える英文では，元気いっぱいの大きな声でではなく，適切な音量やイントネーションを考え，他者へ感情を伝えるための音読を心掛けさせる。

▶ 振り返り問題
1. 状況モデルの構築と更新について説明しなさい。
2. 教師の読解発問にはどのような種類があるか説明しなさい。

▶ Discussion Examples (No.18)
英文を読んで理解するとは，どのようなことを意味しているのであろうか。

Aさん　私は，自分一人の力で，書かれている英語の文章を読んで，その内容を他者に伝えることができれば，英語を理解していると判断できると思います。

Bさん　私は，英文の伝えたいことを汲み取って，自分の言葉で言い換えてだれかに伝えることができれば，英語を理解していると言えるのだと思います。

第10章　4技能の指導③　スピーキング

　聞いて（受信）話す（発信）という点では，スピーキングとリスニングは表裏一体の関係です。そして，リスニングの章でも述べましたが，スピーキングには音声を扱っている難しさが指導者側と学習者側の双方にあります。指導者側にとっては，消えていく音をどのように指導し評価していくのかが課題です。そして学習者側にしたら，「間違えたらどうしよう」とか「うまく言えるだろうか」という不安が大きいのがスピーキングの特徴です。本章では，そのような学習者心理も踏まえながら，効果的なスピーキング指導と評価について考えていきます。

▶ **Discussion Points**
No.19　スピーキングの評価はどのように行えるであろうか。
No.20　英語を話してみたいという動機はどこから生まれてくるのであろうか。

▶ **Keywords**: 発表・やり取り／意味交渉／インタラクション仮説／仮説検証／結束性・一貫性／つなぎ言葉／リハーサル／修正的リキャスト／局所的誤り・全体的誤り／穴の気付き／ワード・カウンター／セマンティック・マッピング／ルーブリック／自己内省

1.　スピーキングとは

　「話す」とは一般的に，相手がいる場面で，その相手に対し，自分の意見

や感想を伝える行為である。したがって，学習者が一人で何かしらの原稿を声に出して読み上げるような行為は，スピーキングにつながる練習ではあっても，スピーキングそのものではない。相手がいる場面ということであれば，発表会のように聴衆に向けて予定された原稿があって一人の話者が連続して話すものと，相手とのやり取りの中で予定された原稿なく複数の話者が相互に伝え合うものがある。学習指導要領では，前者を「発表 (production)」，後者を「やり取り (interaction)」と区別している。前者では，ライティング指導と関連してくるが，聴衆に伝わる話し方，説得力のある伝え方，聴衆に合わせた語彙の選択，論理に一貫性のある内容，談話の構成なども含めた指導となる。後者では，リスニング指導と表裏一体の関係となってくるが，相手の発話に対し理解や敬意を示しながら，自分の意見や感想を伝え，自分の意図する方向と違う方向に話が流れた場合は元に戻し，あるいは相手を説得したりしていく行為となる。

　日本人英語学習者の「発表」は，自己の言いたいことを淡々と一方的に読み上げるようなプレゼンテーションになっていることが多い。聴衆に疑問を投げかけたり，聴衆とやり取りを入れたりしながら，聴衆も巻き込むようなプレゼンテーションに近づけば，プレゼンテーションをしている側もモチベーションが向上するであろう。

2. 授業におけるスピーキング指導の場面

　「音声は母語の干渉が非常に強い分野」（白井，2004，p. 36）であるため，スピーキング指導は，母語干渉の危険を低下させることができるよう，英語で行うことを基本とした授業が有効である。

　1時間の授業を考えた際，教師のオーラル・イントロダクションを静かに聞き（リスニング），ハンドアウトの読解問題に答え（リーディング），教師から与えられたお題に対して原稿を考え（ライティング），それを読み上げるようなスピーキング指導がよく見られる。しかしながら，前のセクションでも述べたとおり，学習者が何かしらの原稿を声に出して読み上げるような行為は真のコミュニケーション，スピーキングとはいえない。そうならない

よう，授業のいたるところで大小のスピーキング指導を入れていきたい。

　例えば，教師の一方的なオーラル・イントロダクションを静かに聞くのではなく，オーラル・インタラクションとなるよう，学習者に問いかけ，既存の知識なども引き出し，意見を吸い上げていくような導入が理想である。リーディングにおいても，読解問題の答えはハンドアウトに書くとしても，それに関連する自己関連発問を通して，学習者に口頭で意見を話すよう促すことも考えられる。最後のまとめとしてコミュニケーション活動を行う際も，意見などをいきなり紙に書かせるのではなく，仲間と口頭でやり取りをさせ，それをメモに取り，そのメモから英文を構成していくようなライティングが考えられる。

　授業のこのコーナーは「スピーキング」というように，画一的に時間を割り振るのではなく，常にスピーキングとリスニングが表裏一体となるよう，あえて例えるならば教師と生徒，生徒と生徒が常にキャッチボールをしているようなやり取りが理想である。はじめは相手が取れない球を投げることだってあるだろう。しかし大切なのは，ゆっくりでもよいから，相手の胸（的）に向かって投げ返すことである。そして受け取り手がどっしりと構えてくれれば，投げやすいであろう。ふだんから「キャッチボール」をたくさんすることで，いざ「試合」になっても，緊張感なくボールを投げることにつながるようにしたい。ふだんから話す機会がなく，いきなり「発表」では，学習者の不安が大きくなってしまう。

　やり取りを行うということは，意味交渉 (negotiation of meaning) が起きるということでもある。Long (1996) は，インタラクション仮説 (Interaction Hypothesis) として，理解確認や明確化要求などの意味交渉が起き得ると主張している。相手の発言に対して自分が正しく理解しているかを確認したり，「それについてもう少し詳しく教えてください」と明確さを要求したりすることである。また，自分が話し手として，「こう言ったら相手に通じなかったけれど，こう言ったら通じた」などと検証するプロセスを仮説検証 (hypothesis testing) という。実際にやり取りを続けないことには，この検証体験をすることはできないのである。相手にうまく伝わっていないと判断したとき，必要に応じて自己の発言を修正していくことで，発話の経験値

が上がっていくのである。

　学習者の手元にある教科書は，基本的に文字情報であり，読むというスキルが中心的な柱となっている。スピーキングだけではなく，ライティングにもいえることだが，読んだことを生かしながら，産出させることが大切である。読んだことを生かすとは，①内容を生かすこと，②言語材料を生かすことの2種類がある。①については，本文に書かれた「内容」を引用しながら，自分の意見と筆者の意見を区別して論じていく産出活動が考えられる。また②については，本文中から「このフレーズや文法は自分の意見を述べるときに役に立ちそう，使ってみたい」という語彙に下線を引く（メモさせる）活動から始めて，スピーキング（産出）活動に移ってもよい。

3.　スピーキング指導の留意点

　現行の学習指導要領より，話すことが発表（production）とやり取り（interaction）に詳細化された。これはやはり，書いた原稿を読み上げるようなスピーキングだけではなく，即興性のあるコミュニケーションの中で起きる発話を文部科学省が意識したものと考えられる。

　このセクションでは，「話すこと」のうち，まずは「発表」からみていくことにする。例えばクラスメイトの前で自己紹介するという発表があったとしよう。下の発表原稿を見て，何か気が付くことはあるだろうか。

> My name is Akari.
> I'm fifteen years old.
> My hobby is to read books.
> I have a brother and sister.
> He likes tennis.
> She wants to travel in Australia in the future.
> Thank you.

語法や文法は問題ない。しかし，果たして名前を告げたあと年齢を言う必要はあっただろうか。そして，自分の好きなことを伝えた後，兄弟がいること

を告げたことには関連性があるだろうか。語と語や文と文のつながりのことを結束性 (cohesion) といい，全体のまとまりを一貫性 (coherence) というが，名前から年齢，趣味から兄弟という構成は結束性に欠けている。また，途中から兄弟の内容となっており，自分のことを紹介するという目的から逸脱し，自己紹介の一貫性もあやしくなってきている（第7章も参照）。

　スピーキングにおいては，結束性や一貫性に留意させ，話す内容そのものではなく，話す「項目」だけ準備させることも効果的である。例えば，自己紹介であれば，① Name, ② Hobby, ③ My family のように，話す「項目」を大きく準備させたり，① Name, ② Hobby—reading books, ③ My family—brother (tennis), sister (traveling) のような少しだけ詳しい下位項目の準備をさせたりすることもできる。

　次に，話すことにおける「やり取り」である。日本人英語学習者が，やり取りにおいて，決定的に欠けているスキルは「相手の発言に対する反応言葉」と「相手の発言を利用する力」である。自分が話し始めるタイミングを作るために相手の意見に相づちを打ったり，well/um … などと自分の発声合図を示したり，"Oh, that's true. By the way …" などと「つなぎ言葉」を用いて相手の発言に自分を入り込ませていく中で，自分のスピーキング・ターン（話すきっかけ）を作っていくものである。日本人学習者が，初めの一言を英語で話し始めることは難しいもので，それができずに会話に入っていけない，あるいは会話が滞ってしまうことがよくある。また，Sorry to interrupt（割って入ってごめんなさい），Let me tell you …（これは言わせて），I agree with you, but …（あなたの言うことはわかるけど，でもね）などと，自分が話し始める「きかっけ」となるフレーズをもっと教えるべきである。「相手の発言を利用する力」とは，例えば相手が，I went to Paris last week. と発言したときに，Oh, did you? How was Paris? など，相手の発した内容をうまく利用して会話を継続し，コミュニケーションを広げる（発展させる）力である。これらの二つのスキルがなければ，実際のコミュニケーションの中で，即興性のある「やり取り」を続けることは難しいと思われる。

　特に即興性のあるスピーキング活動をペアやグループ内でさせる場合，一人の生徒だけが長く話すことを避けるために，学習者が時間配分に慣れてく

るまでは、教師側で役割の交代（switch roles）を指示することが大切である。また、立って活動させるのか、座ってさせるのかもポイントである。活動を立ってさせる利点は、机間指導で歩いている教師と目線の高さが同じなので、学習者の発する声も聴きやすくて指導がしやすいこと、活動が終了したら座らせることでペアごとに活動の終了が把握しやすいこと、目的の活動に集中させやすいことなどが挙げられる。座って活動させるにしても、ペアの二人がともに前を向くのではなく、対面で座って話ができるよう椅子を移動させ、face to faceの活動にしてコミュニケーションを意識したスピーキング活動につなげられる。

　また、スピーキングは基本的に一人で行う活動ではなく、相手がいる行為である。ペアやグループによって、想定よりも早く終わったり、時間がかかったりする。例えば、早く終わったペアやグループ用に、追加トピックを用意しておくなどの工夫が必要である。ペアやグループでたくさん練習を積み重ねることが、学習者のスピーキングにおける不安を軽減させることにつながる。

4.　リハーサルの重要性

　即興性のある「やり取り」において、教師の発問や仲間の発言に対して学習者が話すとき、特にしっかりとしたまとまりのある文で言わせるときは、リハーサル（rehearsal）をさせることが大切である。リハーサルとは、頭の中でこれから発信する英語を繰り返し復唱することであり、言語の発信には重要なプロセスである。白井（2004, p.70）は、「英語で考えるとは頭の中でリハーサルすること」と述べている。したがって、熟達度があまり高くない時期であればあるほど、学習者が口にする前に、リハーサルさせる間（ま）を取ることが大切な役割を果たす。そのリハーサルの間を教師が意図的にとる必要がある。

　教師は、生徒らをなるべくたくさん指名して、できるだけたくさん話させたいと思うものだが、授業の時間は有限である。しかし、40人全員がしっかりとリハーサルする習慣が身に付けば、毎回40人全員が発表したのと同

様の効果が得られる可能性がある。白井（2004, p.71）は，「口に出すか出さないかの違いだけで，頭の中で英文を話している」のと同様の効果があると述べ，リハーサルの重要性を主張している。また，頭の中である程度のリハーサルができていれば，学習者が発表をする際，何を言ってよいかわからなくて戸惑うという不安は軽減させることができる。

5. 修正的リキャスト

　語彙や文法を指定し，それを使用して形式練習させることは，スピーキングにつながる練習ではあるが，コミュニケーションそのものではない。指定した語彙や文法を使用させるというよりも，場面や役割を与え，使用させたい語彙や文法を自然に使用させるスピーキング活動につなげることも可能である。新規の語彙や文法であれば，リーディングでインプットをしっかりしてから，スピーキングで用いるようにさせたい。

　既習の知識を活用し，それに関連する新規の文法を導入する方法もある。例えば，仮定法を扱ったユニットにおいて，「現在の事実に反する仮想を表現するには"if＋主語＋動詞の過去形，主語＋would"の形を用います。それでは『もし私があなたなら』と事実に反する文で，あなたの立場になったらどうするかを話してください」などと，使用する形式を先に指導するのがこれまでよくみられた指導である。しかし，仮定法の if の前に，条件を表す if が既知だとして，If I am you, I will go to a library to get information. と発話させることは可能であろう。その時に，Oh, you wanted to say, "If I were you, I would go to a library to get information." と教師が言い直し，仮定法に関する「気付き」を与えることもできる。あるいは，既習のことであっても，自分が言いたいことが言えないと学習者に気付かせることも立派なスピーキング指導であり，言えないこと，つまり穴（hole）を埋めることは外国語学習にとって重要なプロセスである。自分にはどのような力が足りないか，どのような学習が更に必要かなどを考えさせたい（文部科学省, 2018c）。

　基本的な文法事項であっても，スピーキングという音声で産出するスキル

においては，時制や三人称単数現在など基本的な文法を誤りうることも多々ある。そのときは，修正的リキャスト（recast）が効果的である。

① S: I go to the city library with friend yesterday.
   T: You <u>went</u> to the library with <u>your</u> friend yesterday.
② S: I go to the city library with friend yesterday.
   T: <u>When</u> did you go to the library? With <u>whose</u> friend?
   S: Yesterday. With my friend.
③ S: I go to the city library with friend yesterday.
   T: Today? Or yesterday? With your fiend? Or someone's friend?
   S: Oh, I went to the city library with my friend yesterday.

上の例のように，様々なパターンの修正的リキャストがある。しかしながら，この修正的リキャストを行うには，教師の高い技術が必要である。学習者の発話を聴き，タイミングよくリキャストを入れるのは容易なことではない。スピーキングは消えていく「音」を扱っているため，発話の意図や文脈から適正な語法や文法を即座に判断する必要がある。しかも疑問の形で返したり（上の例の When did you go to the library?），コミュニケーションに支障が出ていることで示したり（上の例の Today? Or yesterday?）して気付かせるべく，正しい英語を直接指摘しすぎないのがポイントである。ふだんから学習者の発話に相づちを入れ，学習者が I went to ～ と言えば，Oh, you went! や Oh, did you? などと，発話を「なぞる」習慣が教師になければ，いきなり「修正的リキャスト」をするのは困難である。また，あまり修正的リキャストが多用されると，学習者の発話の流れを妨げることになる。コミュニケーションに支障が出ない程度の局所的誤り（local error）よりも，意味理解に支障が出るような全体的誤り（global error）を中心に修正的リキャストを行えばよい。

なぜこのような修正的リキャストのように，直接的に誤りを訂正せずに，上の①から③のようにコミュニケーションの形で投げ返すのかといえば，学習者に気付き（notice）の機会を与えるためである。第二言語習得においては気付きが大切といわれている（村野井，2006, p.11; 和泉，2009, p.45）。

「たいていの教師は生徒が誤りをすれば直そうとする。それが教師の役割だと思っている」（白畑，2015,「はじめに iii」）ものである。しかし，自らの手で誤りや足りないものに気付く，つまり学習者に穴の気付き（noticing of the hole）を自覚させ，自分で直していく機会を作ることも教師の大切な役割である。「気付き」について，Schmidt（1990）によると，perception, noticing, understanding の3段階があるという（p.153）。これらは「感じとる」「気付く」「わかる」と捉えることができる（前田，2021）。違い（gap）があればあるほど，「感じとる」チャンスは大きくなるはずである。

　村野井（2006）によると，気付き，理解，内在化，統合などの認知プロセス（内的変化）を経ることによって，段階的に学習者の言語知識として定着し，最終的にはアウトプットする力につながるという（p.9）。この第二言語習得における，気付き，理解，内在化，統合などの認知プロセスを具現化した授業プロセスを PCPP メソッド（PCPP method）とよぶことがある（前田，2012, p.86, 第4章参照）。Fotos（1993）は，学習者にとって障害となる文法構造（problematical grammar structures）に関して，フォーマルな知識を習得させるために設計された2種類の指導方法を用いて，文法意識向上によって処理され，生成される，学習者の気付きの量を調査した。その二つの方法とは，①教師が主導する文法レッスン，②学習者中心のインタラクティブな文法問題解決タスクである。結果は，コントロールグループ（①教師が主導する文法レッスン）によって生成された学習者の気付きと比較して，インタラクティブな文法問題解決タスクのグループ（②学習者中心）は，文法タスクのパフォーマンスがその後，かなりの量の気付きの促進において効果的であることを示している。つまり，学習者が自分で気付くことが重要であり，教師は時間や労力がかかっても，学習者が気付けるよう仕向けることが大切なのである。

6. 流暢さと正確さ

　コミュニケーションにおいて，何でもたくさん話せばよいとは限らないことは，言語に関係なく，私たちが日常からよく知っていることである。しか

しながら，正確さも含めた話す内容的な「質」の指導は，ある程度の量を話せるようになってから行うべきである。

　流暢さを指導する方法の一つとして，西（2010）はワードカウンターを使用したスピーキング活動を提案している。学習者にトピックを与え，即興でスピーキングをしている間，ペアの相手は表 10.1 のような「ワードカウンター用紙」を用いて語数を数えていく。数え方のルールとして，「言いよどみや繰り返した語も 1 語と数える」ことなどを先に確認しておく。また，Let me see や Um … のようなつなぎ言葉も数えてよいことにすれば，これらの使用を促進することにもつながる。

表 10.1.　ワードカウンター・カードの例

1	2	3	4	5	6	7	8	9	10	11	12	13	14	15	16	17	18	19	20
40	39	38	37	36	35	34	33	32	31	30	29	28	27	26	25	24	23	22	21
41	42	43	44	45	46	47	48	49	50	51	52	53	54	55	56	57	58	59	60
80	79	78	77	76	75	74	73	72	71	70	69	68	67	66	65	64	63	62	61
81	82	83	84	85	86	87	88	89	90	91	92	93	94	95	96	97	98	99	100

　ワードカウンター用紙の作成で大切なことは，語数を指でなぞって数えやすいよう，1 行目が左から右へ「1」から「20」まで到達したら，2 行目は右から左へ「21」から「40」まで折り返して表記することである。

　話せるようになった語数の変化を目で見えるよう，「日付け・トピック・話した語数」をポートフォリオとして記録させることも有効である。しかしながら，トピックによって「話しやすい/話しにくい」も当然のごとくあり，教師の評価というよりも，学習者が自身の成長を目で見えることを目的としたほうがよい。

　このワードカウンターなどの取組によって，ある程度の量が話せるようになってきたら，どんなことを話したのか「キーワード」を学習者から挙げさせ，クラス全体で共有するとよい。黒板にキーワードを挙げていき，大きな情報から細かな情報をつなげていくセマンティック・マッピング（semantic mapping）指導をすることによって，内容的な結束性や一貫性の指導につな

げるなどの質の向上を目的とした指導を徐々に入れていく。

　マッピングの段階では，図 10.2 のようにキーワードから放射的に様々なアイディアをつなげていく。

表 10.2.　セマンティック・マッピングの例

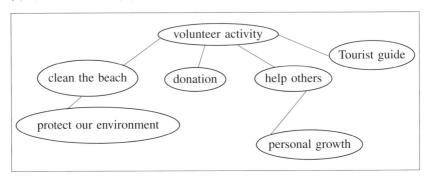

　次の段階では，分類していく指導が考えられる。図の例のように "volunteer activity" がキーワードとして中心に置かれ，clean the beach が出たとしたら，This is an example of volunteer activity. Give us other examples of volunteer activity? と投げかけて募金 (donation) や観光案内 (tourism guide) など具体例を引き出していく。また，help others などが出たら，This is an aim of volunteer activity. Give us other aims of volunteer activity? と投げかけ，街の発展 (the development of our town) など目的を引き出していく。分類から内容的かつ表現的に幅が広がったところで，階層的な指導に入っていく。つまり，まとまりのある英文となるよう，[Topic] → [Examples] → [Aims] のように，話す順序（構成）などに目を向けさせる。時には，内容的な議論の機会をもってもよい。例えば，"volunteer activity" のトピックで，earn money（収益を得る）などの意見が出た場合，Can we say it as "volunteer activity"? と投げかけるなど，ディスカッションを通して話す内容の質を高めていく。

　セマンティック・マッピングを用いて発表させる際，I'd like to talk about ～ で発表を始め，Thank you for listening. で締めくくるなどのフォーマット指導は，発表の「まとまり」を作るという観点からも重要である。

7. 話すことの文化的留意点

　受信技能であるリーディングやリスニングとは異なり，発信技能であるスピーキングは，他者に対して大なり小なり影響を与える行為でもある。使用言語がたどたどしい入門期であれば，相手に大目にみてもらい，寛容に受け取ってもらえることもあるだろうが，熟達度が上がるにつれて，話すことにおける文化的側面に留意する必要がある。一例を挙げると，日本人は相手に対して照れ笑いで返答したり，うまく表現できないときに気まずくて笑ったりすることがある。謝罪や重い内容の説明のときなどの真剣なときに「ニヤニヤ」してしまうことは，日本国内においても問題になることもあるが，違う文化からみると困惑する要因ともなる。

　料理に用いるナイフは便利な道具でもあり，使用方法を誤れば人体を傷つけてしまうこともある。言葉も同様で，コミュニケーションにおいて，相手の文化や立場を互いに意識し，相手を傷つけない言語使用が求められる。何語かに関係なく，我々は「文化や歴史」を学び，相手が置かれた「立場」を理解し，ポライトネスという観点からも相手に敬意をもって言葉を話す必要がある。

8. スピーキングの評価について

　消えていく「音」を評価することには困難さが伴うが，パフォーマンス・テストのように，実際に教師と対面で話させて評価することができる。ティーム・ティーチングであれば，ALT が廊下でパフォーマンス・テストをし，その間は日本人英語教師が教室内で監督指導を行うことも想定される。パフォーマンス・テストの評価は，表 10.3 のようなルーブリック (rubric) とよばれる採点表を基に，「内容」，「表現」，「態度」の 3 項目に分け，それぞれ即時に採点する。次章にあるライティングのルーブリックは 5 段階の採点としたが，スピーキングの採点は即時性が問われるため，採点のしやすさから 3 段階とした。ルーブリックについては，次章のライティングで詳述する。

表 10.3. スピーキングのルーブリック例

	内容	表現	態度
3点（Excellent）	自分の意見とその説明・理由を十分に述べている。	使用語彙が適切であり、文法・語法も正確である。	自然な態度でコミュニケーションを図っている。
2点（Good）	自分の意見とその説明・理由を述べている。	使用語彙が適切だがやや限られており、文法・語法に小さな誤りがある。	ほぼ自然な態度でコミュニケーションを図っているが、多少の無意味な沈黙がある。
1点（O.K.）	自分の意見は述べているが、その説明や理由が足りない。	使用語彙が限られており、文法・語法に誤りが目立つ。	コミュニケーションを図ろうとする態度にやや乏しく、無意味な沈黙が目立つ。

　スピーキングは、独り言や口頭練習を除けば、話す「相手」を必要とするため一人では行いにくい技能であり、音を扱うという難しさから宿題として課題を課しにくい部分がある。しかしながら、タブレット端末の家庭への持ち帰りについて、「毎日持ち帰って、毎日利用させている」又は「毎日持ち帰って、時々利用」と答えた小学校が33%、中学校が42%であり、「時々持ち帰って、時々利用」も含むと小・中学校ともに約8割を超えているのが現状である（文部科学省, 2023）。タブレット端末等に音声を録音するなど、タブレット端末を活用したスピーキング課題も考えることができる。タブレット端末を使用して「何回撮りなおしても構わないので、ベストな録画（録音）を提出しなさい」という課題を与えることで、自己内省（self-reflection）を促進させ、一つ前の自分を超えたいという向上心も期待できる。

▶振り返り問題
1. リハーサルの重要性について説明しなさい。
2. 結束性と一貫性について説明しなさい。

▶ **Discussion Examples**（No. 20）

英語を話してみたいという動機はどこから生まれてくるのであろうか。

Aさん　海外に興味をもって，実際にその国や地域，文化圏の人と交流したいという気持ちから英語を話してみたいという動機が生まれるのだと思います。私が英語を勉強し始めたのは，純粋に海外の友達が欲しかったからで，当時の私はそれがカッコイイと思っていました。

Bさん　自分が知らない世界をのぞいてみたいと私は思います。世界中の人たちと，世界共通語の英語で話すことで，今まで知ることのなかった価値観や考え方を発見できるかもしれない。話してみたいというのは，何かしらの探求心から生まれるのだと思います。

第11章　4技能の指導④　ライティング

　ライティングは，内容を考え，適する語彙や文法を選択し，構成を組み立て，「書いて消して」を繰り返し，推敲してまた修正するなど認知負荷が高く，時間がかかるプロセスです。しかしながら，ソーシャルメディアの台頭により，話し言葉のようなつぶやき型の書き言葉も実際には多用されています。本章では，これらの点を十分認識し，書く目的や相手を意識したライティング指導について考えていきましょう。

▶ **Discussion Points**
No.21　実際のコミュニケーションで生きるライティング指導をするにはどうしたらよいであろうか。
No.22　ライティングにおける「誤り訂正」で，これまでにあなた自身が役に立ったのはどのような点だったであろうか。

▶ **Keywords**: 段階的ライティング/一貫性/書記訂正フィードバック/直接訂正と間接訂正/プラトー現象/リーブリック

1. ライティングの特徴

　ライティングという行為は，同じ発信技能でもスピーキングとは異なり，「書いて消して」を繰り返すことができ，前の文や先のほうに書いた部分に戻ったりすることもできる。何よりも，スピーキングは通常複数人で行う技能であるが，ライティングは主に一人で行う技能という違いもある。そし

て，自身の伝えたいことをどう表現すれば正しく伝わるのかという文法能力，話の展開が適切であるかという談話能力，語彙や文法は正確であっても相手の立場や場面による言語使用の適切さを意識する社会言語学的能力，書きたい内容を表現できないときに，代替語を上手に用いる方略的能力をフルに活用する認知負荷の高い技能といえる。論理の一貫性にも注意することが必要である（文部科学省，2018c）。スピーキングとリスニングは音声を扱っており目には見えない。次々に音は消えていき記憶が頼りになる。一方で，ライティングは書いたものを自身で読み返し，修正できるプロセスという大きな違いがある。

2. 授業におけるライティング指導の場面

　本書のような英語科教育法のテキストの多くが，4技能を扱った部分のうち，ライティングを最後にもってきている。つまり，共通認識として，ライティングは学習者にとって高い認知能力を求めるから，他の技能に比べて指導の最後の方にもってくる傾向にある。

　中・高等学校の授業を見ても，授業の開始早々に書かせている授業は珍しい。内容理解の中で解答を書かせたり，読解後の文法のまとめの段階で，「次の内容を英語にしなさい」と書かせたりする段階で，ライティングがよく行われる。しかし，内容理解の解答について本文を基に書かせたり，和文英訳させたりするのは，ライティング練習の一部でしかない。和文英訳は，「このような意味を表現するときは，このような語法，構文や文法を使用する」というパターンの獲得練習である。その「練習」は決して不要といえないが，その練習したことを実際のコミュニケーションの場で生かせるライティング実践が必要である。表11.1にあるように，練習と実践の違いを意識したライティング指導が求められる。ライティング実践のためには，①なぜ書くのか（目的），②だれに書くのか（相手），③書く媒体や様式は何か？（ポスター／手紙／日記など），④どのくらい書くのか（量）などを明確にした場面を与えることが重要である。

表 11.1. ライティングにおける練習と実践の違い

練習：I like / recommend you to ～　という表現を用いて，あなたが好きな本について英語で紹介しなさい。

実践：あなたは図書係（①）として，留学生の皆さんに向けて（②），図書館の案内ポスター（③）を書いて作ることになりました。どこにどんな本があるかそれぞれの本棚について簡潔に（④）英語で紹介しましょう。

3. Gradual writing から始めて「まとまりのある英文」を書く

いきなり一貫性（coherence）のあるまとまった英文を書くよう求めることは，学習者に大きな負担をかける。しかし，ある程度の分量がなければ，Introduction, Body, Conclusion などという論理構成に目を向けさせることはできない。したがって，語数で書く分量を指定するのではなく，文数で量的な目標を示し，例えば Introduction, Body, Conclusion の各構成を 2 文ずつ程度で書かせ，骨組みを先に完成させていく。

> あなたは図書係として，留学生の皆さんに向けて，図書館の案内ツアー参加を呼び掛けるメールを送ることにしました。Introduction, Body, Conclusion の構成に注意し，それぞれ 2 文程度の英語で書きましょう。

[Introduction]　I hope you're well.　This is an invitation about a guided tour of the library.
[Body]　The Library Committee organizes guided tours.　We will give tours in English.
[Conclusion]　The library will be useful.　If you wish to participate, please reply by the end of this month.

これを「50 語程度で」などと語数指定してしまうと，上の例のような構成のバランスではなく，「語数が足りなかったら／超えたら」ということに目を向けさせてしまう。「骨組み」が出来上がったら，次に肉付けをさせていく。

第 11 章　4 技能の指導④　ライティング

このステップでは，形容詞（句）や副詞（句）を追加させていく。読み手の気持ちとなって，いきいきとした表現に見えるよう形容詞を足したり，相手に目的が伝わるよう副詞を追加させたりする。

（例）　・I would like you to buy this flowers.
　　　→ I would like you to buy this beautiful flowers.
　　　・I recommend you to come with me.
　　　→ I recommend you to come with me so that you don't get lost.

先の図書委員会からのメールでは，例えば，

> I hope you're well. This is an invitation from the Library Committee about a guided tour of the library.
> The Library Committee organizes helpful guided tours to promote the use of the library. We will give a brief tour in English so that international students can participate.
> The library will be very useful for research and report writing while your stay. If you wish to participate, please reply to this email by the end of this month.

のように，形容詞や副詞が追加できる。このメールの目的は「勧誘」であるから，helpful guided tour / very useful for research and report writing while your stay のような誘い文句を考えたり，a brief tour / reply to this email など読み手に必要で有益な情報を考えさせたりする。

　このように，まずは骨組みを考えさせ（構成），肉付け（精緻化）をさせて仕上げていくライティングを段階的ライティング（gradual writing）という。ライティングの相手，目的に応じて，構成や精緻化は変わってくるため，相手は先生なのかクラスメイトなのか，そして求められる言語機能は勧誘なのか謝罪なのかなどを明確にすることが，この指導では求められる。

4. ライティングにおける誤り訂正

スピーキングにける誤り訂正については，修正的リキャストの効果を先述した。ライティングにおける誤り訂正は，書記訂正フィードバック（written corrective feedback: WCF）とよばれる。齋藤・鈴木（2022）によれば，WCF に関しては，①誤りに対して教師が正しい単語や表現を書き記す「直接訂正」と，②誤った個所に教師が下線や挿入などを書き記す間接訂正がある。間接訂正については，学習者に「気付き」の機会を与えることから有効ともいわれる（Lalande, 1982）。しかし，齋藤・鈴木は「実際のところ学習者にとっては間接訂正の活用が難しいのかもしれない」(p.57)と述べ，特に熟達度が高くない学習者に対する，下線や挿入などを書き記すだけの指導に疑問を投げかけている。では直接訂正がとても有効であったとしても，教師がそれにかけられる時間は有限である。実際は，直接訂正と間接訂正を組み合わせていくのが現実的である。直接訂正と間接訂正との使い分けを，学習者の熟達度や扱う文法項目ごとに考える必要がある。

しかしながら，齋藤・鈴木（2022）は，教師が「WCF を与えるだけで指導を終えるのではなく，その後の振り返りや書き直しを促すような指導を追加することが，学習者の学びをサポートするうえで有効」(p.56)と重要な点を述べている。つまり，直接訂正であれ，間接訂正であれ，学習者が訂正された点について，しっかりと振り返りを行うように，教師のフォローアップ指導が大切といえる。

5. ライティングにおけるプラトー現象

流暢さ（fluency）をねらって書く量を増やしていき，学習者の発達段階に合わせながら，正確さ（accuracy）を求めていく。この二つのバランスがライティング指導の難しい点である。ある程度の量が書けるようになって，内容的及び言語的な正確さを学習者に求めたとき，一時的にライティング能力が低下したように見えることがある。この一時的な低下現象をライティングにおけるプラトー現象（plateau phenomenon）とよんでいる（前田，2021，

p. 92)。このプラトー現象が生じているとき，学習者の中では，適切な語法選択，内容の再構成，書くべき内容の厳選など，様々な認知資源の配分が行われている。このときに，一時的に「うまく書けないような状態」に陥ることがあり，書く量（産出量）も減ってしまうことがある。

6. ルーブリックによる指導と評価

　ルーブリック（rubric）とは，成功の度合いを示す数値的な尺度と，それぞれの尺度における達成度を記述した文言からなる評価基準表のことをいう。スピーキングやライティングなどパフォーマンスの質を評価するための指標である（西岡他，2015）。評価・採点だけではなく，ルーブリックを事前に提示することによって，学習者のパフォーマンス向上に寄与するのではないかという調査（岩本，2020）も行われている。岩本の調査では，ルーブリックの事前提示によって，パフォーマンス向上が有意にみられることはなかったとの報告もあるが，少なくとも，「このような枠組みにおいて評価する」ということを，学習者に対して事前に伝えることは，何をどのくらい書けば高く評価してもらえるのか，という学習者の安心や評価への信頼にもつながるであろう。

　表11.2にルーブリックの一例を示す。ルーブリックがあまりにも細かすぎると，教師間での共有が困難になったり，評価すること自体に教師が疲労を感じたりする原因ともなる。表11.2のルーブリックでは，英語そのものの適切さを「表現力」，内容に関する適切さを「知識・理解力」，そして量的な適切さを「記述量」として3項目に分け，それぞれを5段階の評点で評価している。情報量については不足だけではなく，過情報も評価対象とし，適切な量を求めているのが特徴である。ルーブリックの作成に当たっては，田中（2020）が参考になるであろう。

表 11.2. ライティングにおけるルーブリックの例

評価	内容についての知識・理解力	英語表現の能力	記述量
	トピックについて十分理解し、一貫性と結束性のある英文が書けているか。	適切な文法や語法に基づいて書くことができているか。	トピックに対し、必要十分なまとまりのある量が書けているか。
5	トピックに対応した自分の意見とその説明・理由を十分に述べている。	表現方法が適切である。	情報量を十分に満たしている。
4	トピックに対応した自分の意見とその説明・理由を述べている。	表現方法がほぼ適切であり、意味伝達に大きな支障を与えるような誤りはない。	情報量をほぼ満たしている。
3	トピックに対応した自分の意見とその説明・理由を述べているが、限定的な情報にとどまっている。	表現方法に不適切な点もあり、意味伝達に大きな支障を与えるような誤りも少しある。	情報量にやや過不足がある。
2	トピックとは関係のある意見だが、誤った内容であったり、その説明・理由を述べていなかったりする。	表現方法に大きな誤りがあり、意味伝達に大きな支障を与える。	情報量に過不足がある。
1	トピックとは無関係な内容である。	表現方法に大きな誤りがあり、意味伝達が成立しない。	情報量にかなり過不足が目立つ。

▶振り返り問題

1. Gradual writing という考え方について説明しなさい。
2. ライティングにおけるプラトー現象について説明しなさい。

▶ Discussion Examples （No. 22）

ライティングにおける「誤り訂正」で，これまでにあなた自身が役に立ったのはどのような点だったであろうか。

A さん　私は，まとまりのある英文を書くための「構成」について，訂正されたことが役に立ちました。①イントロダクション，②展開，③まとめ，のようなメモを読んで，自分が書いた英文を再構成することで，読みやすいまとまりのある英文にすることができました。

B さん　自分のためだけに，先生が訂正してくれたのだと思うと特別感などが得られ，やる気につながりました。主語や述語がぐちゃぐちゃになっていた私の文章を見直すきっかけとなりました。知らない表現方法や熟語も訂正のときに，先生が書いてくれていて，役に立ちました。

第12章　測定と評価

　指導法や学習法に焦点が当たることはよくあっても，どのように評価するのかが後回しになっている例は少なくありません。行い放しの教育はなく，必ず学習者に対し評価をすることが重要で，それが学習者のさらなる意欲や能力の向上につながっていきます。授業ではコミュニケーション能力の育成を中心とした言語活動の多い授業であるにもかかわらず，試験となると，従来の知識偏重の問題が多く出題される例もよくみられます。本章では，適切な測定や評価を行うにはどのようにしたらよいかを考察します。

> ▶ **Discussion Points**
> No.23　よいテストの条件とは何であろうか。
> No.24　学校の定期試験で，一つの大問に様々なテストタイプが混在する「総合問題」形式が多くなってしまう理由は何であろうか。

▶ **Keywords**: 測定と評価／熟達度テスト・到達度テスト・適正テスト／主観テストと客観テスト／波及効果／テストの妥当性・信頼性・実用性／総括的評価と形成的評価／診断的評価／錯乱肢

1. 測定と評価の場面

　授業中の小テストや定期考査などで，学習者に対して点数を付ける機会は数多くある。その付けた点数が表しているものは何であり，点数を付けた後，何に結び付けていくべきなのだろうか。点数を付けることは，計画的で

明確な手順と規則に従って，学習者の能力などを数量化することであり，測定（measurement）といわれる。そして，測定した数値に対して「80点以上は十分に内容を理解している」などの価値判断をすることを評価（evaluation）という。多くの学校では，定期試験で測定した100点法の数値に基づき，課題提出等の状況を踏まえ，5段階などの評価が行われている。

テストの種類としては，① IELTS や TOEIC，実用英語検定試験等，一般的な英語の知識技能を測定する熟達度テスト（proficiency test），②学校の定期考査等，授業で学習した知識技能をどの程度身に付けたかを測定する到達度テスト（achievement test），③ Modern Language Aptitude Test（MLAT）等，一般的な言語適性を測定する適正テスト（aptitude test）がある。採点方法からみたテストの種類としては，①記述式など採点者の主観に基づく主観テスト（subjective test），②記号選択式など採点者がだれであっても同じ結果となる客観テスト（objective test）がある。重要な点は，採点の仕方が主観的か客観的かということであり，問題そのものには問題作成者の主観を取り除くことは難しい。したがって，作成者の問題作成能力が問われるのであり，授業で学習した知識技能や学習者のもっている知識技能をどう適切に測定するかを考える必要がある。

測定と評価は，その結果が学習者の学習方法にも影響を与えることがあり，波及効果（backwash / washback）とよばれている。波及効果にはよい影響及び悪い影響の両方がある。

2. よいテストを作るための条件とは

よいテストとは，学習者の知識技能を，適切な設問により，できるだけ簡潔な方法で，正確かつ公正に測定できるものである。テストで測りたい知識技能をしっかりと測定できているかを妥当性（validity）とよぶ。例えば，色の名前を英語でしっかりと書けるかという知識技能を測定したい場合，次のような問いは有効であろうか。

  What colors are the national flag of Bangladesh?

教科書にバングラディッシュの話題が出てきたので，定期試験で「バングラディッシュの国旗の色は何色か」という問いを出題し，配点を 2 点としたとする。正解は red and green であるが，仮に学習者が red and gleen. と解答した場合，採点者としては配点のうち何点をつけるだろうか。誤答の原因として，バングラディッシュの国旗の色に関する知識定着の欠如，色を表現する言語能力の欠如の双方が考えられる。出題者として，この二つの異なる知識技能を同時に測定したという思いも理解できるが，この問いに対する学習者の平均点からは，国旗の色に関する知識定着の欠如で失点したのか，それとも色を表現する言語能力の欠如で失点したのかは不明である。

　先ほどの「バングラディッシュの国旗の色は何色か」という問いに関して，採点時のことを考えてみる。正解は red and green として配点 2 のところ，中間点（1 点）を与えられる可能性のある解答はどれくらい出てくるだろうか。片方だけ合っている red and blue，3 色書いているうち 1 色だけ合っている red, blue, yellow，3 色のうち 2 色はあっているが 1 色誤っている red, green, blue，1 色しか書いていないがスペリングミスを犯している gleen など多様と思われる。採点者が採点を進めていくうちに，自己内で採点がぶれてしまうことがある。また，一方の採点者は 2 点を与えたのに，別の採点者が 1 点ないしは 0 点としてしまうことが起こり得る。採点者内における採点のぶれ度合を採点者内信頼性（intra-rater reliability）といい，採点者間での採点のぶれ度合を採点者間信頼性（inter-rater reliability）という。採点者が複数名の場合に，採点者間信頼性は，Excel や SPSS などの表計算ソフトを用いてクロンバックのアルファ（Cronbach's alpha）によって求めることができる。採点者が 3 名いたとして，クロンバックのアルファの数値が $\alpha = .81$ だったとする。例えば個別にみると，採点者 A がいなければ $\alpha = .529$ になり，採点者 B がいなければ $\alpha = .851$ になり，採点者 C がいなければ $\alpha = .809$ になるということも明らかにできる。この結果より，採点者 B の採点には何か問題があるのかもと考えることができる（竹内・水本, 2014）。

　試験の実施前に，中間点が多岐にわたらない問題作りをすることはもちろんのこと，想定される中間点を，採点者間であらかじめ共有しておくことで

信頼性を向上させることができる。また，試験実施後においても，採点を予定している全ての答案にさっと目を通し，予想外の中間点を書き出して採点の基準づくりをしてから採点に臨むことが，信頼性の向上につながるであろう。

いくら学習者の能力を正確に測定するよいテストであっても，作成や実施，採点に現実的でなければならない。テストの作成や実施，採点の容易さを実用性（practicality）という。いくら妥当性や信頼性が高くても，作成するのが高価であったり，実施するのに監督や採点者が多数必要だったりすると実用性が低いといえる。

3. 定期実施の紙面試験だけに頼らない評価

日本では4月に新学年が始まり，3月に終わる。英語コミュニケーションIの標準単位数が3単位（2単位まで減可）であることを考えると，年間の授業時数は105時間である。それはまるでマラソンのような継続的な道のりであり，それを短距離走のような年間4，5回単発の紙面による定期試験のみで，学習者の知識技能を全て評価することは到底できない。中間・期末テストのような総括的評価（summative evaluation）だけでなく，指導過程の途中で継続的に繰り返し評価を行う形成的評価（formative evaluation）などが必要である。形成的評価には，日ごろの小テストはもちろん，授業中のタスク達成，スピーチやライティングの成果物，ポートフォリオなどが含まれる。総括的評価に加えて，形成的評価を行うことは，教育的効果を向上させるが，教師への負担も大きい。日ごろの小テストでは，誤りを赤ペン等で自己修正させる自己採点や臨席同士の相互採点も取り入れることが考えられる。その際は，採点の不正は，いかに自分の学習にとって意味のない，無駄なことになるかを事あるごとにうったえる必要がある。近年では，Microsoft365やGoogleフォームを用いて小テストを行うことで，自動採点も可能となっている。

パフォーマンス評価をするには，採点のための明確な採点基準が必要である。そのために，表10.3や表11.2にあるようなルーブリックを作成してお

くことが求められる。スピーチなどのパフォーマンス評価によって，英語を用いて何ができるかという視点に立つことが期待され，指導と評価の一体化につなげられることが期待できる。また，ポートフォリオ評価では，例えば，定期的に生徒に英語で日記を書かせ，コメントをつけ，自己修正させ，完成作文を評価して返却するという指導を，年間を通して続ける。

4. 総合的問題の出題形式に関する是非

定期試験における典型的な出題形式例を挙げてみよう。

第1問　次の英文を読んで，あとの問いに答えなさい。

Welcome ①＿＿＿ Yosemite National Park. This park was ② register as a UNESCO world heritage site in 1984, ③ which means Yosemite National Park is one of the best-known ④ park all over the world. The size of the park is nearly ⑤ 1,200 square miles, which is the same as ⑥ that of the State of Rhode Island. The main symbol is ⑦ the Half Dome that is located 2,700 meters high. You can enjoy hiking, backpacking, or skiing in an icon of America's fantastic natural beauty, or one of the most beautiful places on earth.

問1　下線部①に入る英語を書きなさい。
問2　下線部②の英語を適する形にしなさい。
問3　下線部③の which が示す内容を書きなさい。
問4　下線部④の英語を正しい形にしなさい。
問5　下線部⑤の数字を英語（スペリング）で書きなさい。
問6　下線部⑥の that が示す内容を英語で書きなさい。
問7　下線部⑦の the Half Dome で，人々ができることを書きなさい。

（注：英文は，前田（2021），p.256 より引用）

定期試験でよくみられる形式だが，空欄補充（①），語形変化（②や④），代名詞や先行詞の内容確認（③や⑥），英語のスペリング確認（⑤），内容確認（⑦）と多種多彩である。出題形式として，このような一つの大問に様々

なテストタイプが混在する総合問題が抱える問題点として,「テスティング・ポイントが不明確である」(根岸, 2013, p. 14) ことが挙げられる。定期試験のような到達度テストでは, どこができていて, どこができていないか, 学習者の弱点を発見する診断的評価 (diagnostic evaluation) の要素が必要だが, 総合問題だと, 何ができていて, 何ができていなかったのか, 診断がつきにくい欠点がある。問題作成者は, 学習者のみならず, 問題を共有する仲間の教師に対しても, 問題の意図とその問題によって測定できる知識技能は何かを説明できるよう作問するべきである。

5. テスト問題作成の実際

　総合問題の出題形式を改善し, 学習者の弱点を測るような定期試験にするには, 教師間の共通理解や学習者への事前周知が必要である。例えば, 定期試験がカバーする範囲が Unit 1 と Unit 2 であり, それぞれの Unit には4つのパートに分けられた英文 (合計で8パート分) あるとする。そこで, 学習者に対し, ① Unit 1 のパート1からは本文の括弧穴埋め形式を出題するので, 音読をしっかりとして, 新出語彙を中心にスペリングの練習もしておくこと, ② Unit 1 のパート2からは, 授業で内容を理解したことを基に, 自分の考えを英語で書く問題を出題するので, 本文を読んで内容がイメージできるようにしておくこと, ③ Unit 1 のパート3では, 非制限用法の関係代名詞 (, which) の使い方に関する出題をするので, 用法について理解し, 使えるようにしておくこと, ④ Unit 1 のパート4では, 内容に関する問題に答えられるよう, 因果関係や年代順に気を付けて読解すること, などの指示を具体的にしておくことが考えられる。

　先セクションの①の出題形式は, 文章の語彙を空欄に置き換え, そこに適する語を入れ, どれだけ復元できたかを測定するものであり, クローズ・テスト (cloze test) とよばれる。350語程度の英文が適当とされ, 最初の英文には空欄を設けず, 2文目以降の英文に対して機械的に5番目又は7番目の語を空欄に置き換えていく (Taylor, 1953)。この Taylor のモデルでは, 内容に関係なく機械的に空欄を設けていくのだが, 定期試験の場合は, 前置

詞，動詞，接続詞などとテーマを決めて，学習者の弱点を発見できる（問題の意図を説明できる）ようにしたい。

表 12.1. ①クローズ・テストの例

> Welcome (①) Yosemite National Park. This park was registered (②) a UNESCO world heritage site (③)1984, which means Yosemite National Park is one (④) the best-known parks all (⑤) the world. The size of the park is nearly 1,200 square miles, which is the same (⑥) that of the State of Rhode Island. The main symbol is the Half Dome that is located 2,700 meters high. You can enjoy hiking, backpacking, or skiing (⑦) an icon of America's fantastic natural beauty, or one of the most beautiful places (⑧) earth.

この例では，前置詞をテーマとして，空欄が設けられている。この問題に対する小計点が低ければ，前置詞に対する知識技能が不足していると診断することができる。

次に，「授業で内容を理解したことを基に，自分の考えを英語で書く」問題について考察する。本文の理解を踏まえて意見を書かせることで，本文の理解が伴わなければ，辻褄の合わない解答になってしまうよう設問する。

表 12.2. ②本文を基にして自分の考えを書く問題

> Welcome to Yosemite National Park. ①This park was registered as a UNESCO world heritage site in 1984, which means Yosemite National Park is one of the best-known parks all over the world. The size of the park is nearly 1,200 square miles, which is the same as that of the State of Rhode Island. The main symbol is the Half Dome that is located 2,700 meters high. You can enjoy hiking, backpacking, or skiing in an icon of America's fantastic natural beauty, or one of the most beautiful places on earth.

第12章　測定と評価

問　Read the underlined sentence. What happened to the Yosemite National Park after UNESCO world heritage site registration? Do you think it will bring the park advantage or disadvantage?

この例では，ユネスコ世界遺産に登録されて，何が起きたかを本文から引用させ，それを基に自分の意見を書かせようとしている。解答例として，After the registration, the park is one of the best-known all over the world. I believe that it has an advantage. A positive economic effect is expected by many visitors who are coming from all over the world. という肯定的な意見や，After the registration, the park is one of the best-known all over the world. I believe that it has a disadvantage. Overtourism may destroy the beautiful environment. のように否定的な意見も出るであろう。重要なポイントは，いずれの意見にしても，"the park is one of the best-known all over the world." という事実から自分の意見を構成できているかを判定することである。

そして，前セクションにある③の非制限用法の関係代名詞（, which）の使い方に関する出題である。今回例に挙げた非制限用法の関係代名詞について，日本語訳をさせることで，制限用法との相違を判定する設問をよく見かける。しかし，日本語訳として明確に差を設けられるか否かは疑問である。

I phoned my father, who was in Kanazawa on business.
① 仕事で金沢にいる父親に電話をした。
② 父親に電話したのだけど，父は仕事で金沢にいた。

①の訳は制限用法のものであるが，「仕事で金沢にいる父親」以外にも父親がいる可能性があるから，②の訳のみ正解というのは不合理であろう。そもそも日本語と英語は構造の異なる言語であるにもかかわらず，英語の構造に対する理解度を，日本語訳を使って表現させて判断することは，極めて難しいといえる。

そこで，日本語に訳すことなく，非制限用法の関係代名詞を理解し，更に使用できるかを確かめる設問について考えてみる。

表 12.3. ③目標文法を使用させる問題

> Welcome to Yosemite National Park. <u>This Park was registered as a UNESCO world heritage site in 1984, which means Yosemite National Park is one of the best-known parks all over the world.</u> The size of the park is nearly 1,200 square miles, which is the same as that of the State of Rhode Island. The main symbol is the Half Dome that is located 2,700 meters high. You can enjoy hiking, backpacking, or skiing in an icon of America's fantastic natural beauty, or one of the most beautiful places on earth.

問 Refer the underlined sentence and make an English sentence. (You must use the words below for each question.)
(1) This bird / registered / prefectural bird / , which
(2) Giant pandas / came to / the zoo / , which
(3) Japanese / silent / , which

この例では，本文を参考にして，非制限用法の関係代名詞の英文を産出させることで，その知識技能を判定している。(1) では，This bird was registered as a prefectural bird, which made many people know it better. (2) では，Giant pandas came to the zoo, which helped the number of guests increase. (3) では，Japanese are sometimes silent, which doesn't mean they have no opinion. という解答例が考えられるが，", which"の前後の文の辻褄が適切か，", which"の後の文構造が適切かどうか，が判定のポイントである。

定期試験では，原則として，既習の英文を出題する。すでに授業で読んで，内容を理解している英文について，内容理解問題を出題する意義は何であろうか。本当の意味で内容をよく理解しているか否かは，多肢選択式の場合，正解ではない選択肢，つまり錯乱肢 (distractor) を巧みに設定することが考えられる。また，既習の英語を使用して本文の言い換えを巧みに用いた選択肢を用意することで，内容を本当に理解しているか否かを判断する。

第 12 章　測定と評価

表 12.4.　④内容理解を問う問題

> Welcome to Yosemite National Park. This Park was registered as a UNESCO world heritage site in 1984, which means Yosemite National Park is one of the best-known parks all over the world. The size of the park is nearly 1,200 square miles, which is the same as that of the State of Rhode Island. The main symbol is the Half Dome that is located 2,700 meters high. You can enjoy hiking, backpacking, or skiing in an icon of America's fantastic natural beauty, or one of the most beautiful places on earth.

問 1　Answer in English.
 (1)　Until what year, was Yosemite National Park normal public park?
 (2)　How big can you tell is Yosemite National Park?
 (3)　Where can you enjoy outdoor activities?

問 2　Answer Yes / No / Not Given.
 (1)　Yosemite National Park is the only well-known park in the world.
 (2)　We must pay money if we visit the Half Dome.

　上のサンプル問題「問 1」では，(1) の答えとして，年を問われているので"in 1984"とコピー＆ペーストされるのを避けるため，UNESO 世界遺産に登録される前の年を答えさせる問題に，(2) の答えとして，1,200 square miles とコピー＆ペーストされるのを避けるため，それがどれだけ巨大な土地なのかを問い，"It is the same as that of the State of Rhode Island." と都市と匹敵する大きさであることを答えさせる問題に，(3) の答えとして，本文の "hiking, backpacking, or skiing" が "outdoor activities" と言い換えられても認識して答えられるか，などの工夫が施されている。

　上のサンプル問題「問 2」では，Yes / No だけではなく，本文に書かれていることから Yes / No の判断ができるか否かを問う Not Given を設定して

いる。(1) では授業で "one of ～" を学習済みであることを前提に，the only という錯乱肢を設定している。また，(2) は，本文には書かれておらず Not Given を選択する問題となっている。

では，これまでみてきた作問例を参考にして，下の英文を用い，学習者の「何を測定するか」を明確にして，実際に定期試験の問題を作成してみられたい。

> During the Iran-Iraq War, Iraq announced, "Forty-eight hours from now, all the airplanes flying over Iran will be shot down." More than 200 Japanese were left there because there was no regular flight between Iran and Japan. However, Turkey offered them a special flight, and they were able to fly out of Iran. The reason why Turkey saved the lives of Japanese goes back to a story that happened in 1890. One of the Turkish ships sank in the sea near Wakayama in Japan. Many Japanese people rescued the Turkish people. That is why they helped the Japanese people in the Iran-Iraq War. The strong relationship shows that the good you do for others is good you do for yourself. （前田 (2021), p. 254）

▶ **振り返り問題**
1. テストの妥当性・信頼性・実用性について説明しなさい。
2. 形成的評価とはどのような方法か，具体例も挙げて説明しなさい。

▶ **Discussion Examples** (No. 24)
学校の定期試験で，一つの大問に様々なテストタイプが混在する「総合問題」形式が多くなってしまう理由は何であろうか。

A さん　教師側に，生徒の理解を多面的に確認したいという気持ちがあるからだと思います。その裏には，英語の授業において，語彙や文法，発音や内容など多岐にわたるたくさんのことを教えようとしているため，テストでも教えたことを全て確認しようすると総合問題になってしまうのだと思います。

> Bさん　教師側が，生徒のいろいろな能力を測ろうとするからだと思います。しかし，生徒からすると，いくら内容がわかっていても，問題形式が原因で解けないこともあるのではないかと思います。また教師にとっても，一つの大問に詰め込みすぎると，生徒の能力を正しく測ることが難しくなるのではないかと思います。

第13章　教科書と教材研究・ICTやデジタル教科書の活用

　学校教育法には，教科書を使用する義務がある一方で，副教材として図書教材などを自由に使用することができることが規定されています。そこに近年では，デジタル教科書の活用も加わっています。しかしながら，紙かデジタルかという媒体は異なれども，教師として教材研究をする「視点」をどこに置くかは同じです。紙は一度の視野に入ってくる情報量が異なっていたり，書き込みが容易であったりすることや，デジタルは情報表示の拡大縮小が容易にでき，配布がしやすいという利点があることなど，それぞれの媒体のよさを生かすことが重要です。本章では，それぞれの媒体の特徴をつかみ，授業でどのように有効活用するかを考えます。

> ▶ Discussion Points
> No.25　よい教材研究を行うためには，何が必要であろうか。
> No.26　あなたは英語の授業でICTを活用する自信はあるだろうか。
> 　　　 もし不安があるとすれば，どのような点が不安であろうか。

▶ **Keywords**: 教科用図書／補助教材／著作権／教材研究／段階別読みもの／ICT／GIGAスクール構想／ロイロノート・スクール／生成AI／デジタル教科書

1. 教科書と補助教材

　教科書は，正式には「教科用図書」のことであり，検定制度と無償給与制

度から教科書制度が成立している。小学校，中学校，高等学校，特別支援学校などの学校で教科を教えるにあたり，主たる教材となるものである。学校教育における教科書の重要性から，原則として上記の学校では，文部科学大臣の検定に合格した教科書を使用することになっている。一般社団法人教科書協会によって「教科書定価表」が公表されており，高等学校の英語教科書は約600円から700円程度となっているが，無償で給与されている。

　教科書に加えて補助教材が用いられることもある。補助教材は副教材ともいわれ，教科書以外の図書そのほかの教材で補助的に用いられる教材の俗称である。教科書のワークブック，学習帳，問題帳，練習帳，解説書，市販の学習参考書，新聞の切り抜きなども補助教材に含まれる。英語科においては，有名人による生の英語スピーチなど，補助教材使用の効果は大きい。しかしその使用に当たっては，児童や生徒の発達段階に即した内容であり，かつ，特定の政治的見解や特定の政党，あるいは特定の宗教や宗派などに偏っていたり，不公正な立場に依拠したりするものにならないよう注意が必要である。また，著作権法の規定の範囲内での使用が求められる。小説，絵，音楽などの作品をコピーする際には，原則として著作権者の了解（許諾）を得る必要があるが，学校などの教育機関においては，その公共性から例外的に著作権者の了解（許諾）を得ることなく一定の範囲で自由に利用することができる。その場合でも，コピーの部数やインターネットを介した送信先は，授業で必要な限度内とすること，原則として著作物の題名，著作者名などの「出所の明示」をすることが定められている。

表13.1. 学校における著作権例外措置の例

- 教員及び児童・生徒が，授業の教材として使うために他人の作品をコピーして配布したりEメールなどインターネットを介して送信したりする場合（第35条第1項）
- 発表用資料やレポートの中で他人の作品を「引用」して利用する場合（第32条第1項）

（文化庁Webページより引用）

2. 教科書が果たす役割

　小串（2011）は Cunningsworth（1995）が整理した 7 つの教科書が果たす役割を基に，検定教科書の英語科授業へのインパクトについてまとめた。小串は，Cunningsworth が第 7 の役割として挙げた「経験が十分でない指導者に対する支援」，そして Hutchinson and Torres（1994）が指摘した「教育内容の改革を支援するエイジェントとしての役割」について言及した上で，教科書は学習者や教師に対する教材の提供としての役割だけではなく，「学習内容の改善を推進する役割を担うことが可能である」（p.58）と述べている。学習指導要領の改訂などの中央での教育改革が，その趣旨を反映した教科書を通じて実際の授業に反映されるということである。それに対し，和田（1997）は，学習指導要領の趣旨の普及が本来の「文部科学省→都道府県教育委員会→教師」というルートではなく，教科書を通じて行われることの問題点を指摘した。小串はそれを否めない事実であると認めた上で，教師の安易な検定教科書への依存は個別の学校の現状を無視したものになりかねないと警鐘を鳴らしている。教師が生徒の実態に配慮して，教科書を主体的に使いこなすことが重要であるとした。

3. 教材研究

　教材研究に当たってはじめにすることは，一人の読者となって教科書本文を読むことである。一人の読者となって，英文のどこが新しい発見なのか，どこが面白いと感じるところなのか，どこが他者に伝えたくなるポイントなのかを素直な気持ちになって読むことである。はじめから英語教師の目で教材研究すると，どうしてもこの語句を教えよう，この文法は説明が必要だという「教える目」となってしまう。教えるポイントが「あれもこれも」と盛りだくさん（too much）となり，教師による一方的な説明となってしまう元凶となる。1 回の授業にかけられる時間は有限であるから，授業で扱うポイントを取捨選択せねばならない。その取捨選択の「取」となるのは，一人の読者となって，英文のどこが新しい発見なのか，どこが面白いと感じるとこ

ろなのか，どこが他者に伝えたくなる内容的ポイントであり，そこを扱うに当たって，はじめに導入しなければ学習者がつまずいてしまう語句は何か，意図がつかめないで挫折してしまう言語的ポイントは何かを考えていくと見えてくる。「支援」について，先行知識と言語知識について，何をどのくらい「先に」与えるべきかを教材研究するのである。そして，学習者の読みが深くなるように，導入（イントロダクション）はどのような切り口にするか，読解中にどのような発問をするか，読解後に何をさせるか，それらによって，学習者に対し，最後に何ができるようになってほしいか，を一つのつながりとしてイメージすることである。

4. 補助教材の活用

　補助教材は副教材ともよばれ，授業中に使用する教科書ワークブックや関連する新聞記事などを単発的に取り入れる投げ込み教材と，夏休みなどの長期休業を利用し課題として用いるものがある。

　検定教科書の本文選定に当たっては，著者たちが何本ももち寄った案の中から厳選したものが採用される。その中には，世界の諸問題や普遍的な事実を扱った論説文や説明文が多い。物語は著作権上の使用許可の問題や，原作著者の意思により表現を書き換えることが困難である場合があること，一つのユニットの語数目安の900語以内に収めることが困難なことが多いことから，論説文や説明文の採用が多くなる傾向にある。しかしながら，物語文を通して登場人物と自己を重ね合わせ，そこから生まれる心情を感じ取ることは，言語学習にとって不可欠である。言葉を読んで，涙を流せるような学習者を育てたいものである。涙を流すには，論説文や説明文よりも物語文が適している。ある程度の長さがある物語を読ませたい場合，夏休みなどの長期休業を利用して，段階別読みもの（Graded Readers: GR）を採用することも手である。これは英語が母語でない学習者向けに作られたレベル別の読みものである。

5. 情報の伝達としての ICT 活用

　ICT とは Information and Communication Technology の略である。つまり情報を与えるツールだけではなく，コミュニケーションのツールとしての活用が重要である。しかし，英語科授業における ICT の活用は，スクリーンにてスライド資料の投影にとどまるなど，まだまだ改善の余地がある。

　ICT 活用のよさは，スクリーンに投影される情報を，瞬時に追加したり，消去したりできることである。例えば，提示した英語を学習者に音読させるにしても，瞬時に「スラッシュ」を入れたり消したりできるし，キーワードのみを残して，あとは消去したりもできる。スクリーンに投射してからあえて消去したものは，学習者の目に残像として焼き付くであろう。これは板書に書いたり消したりをする労力とは比較にならないくらい容易にできる。

　最近の校舎における普通教室の造りにもよるが，縦横比率で横に広い場合，教室端の学習者にもスクリーンの内容がよく見えるような配慮が必要である。英語科の場合，学習者同士のコミュニケーションも多いことから，机を合わせさせ（put your desks together），スクリーンが見やすい中央付近に全学習者を寄せる工夫も大事である。

　文部科学省は令和元年に，全国の小・中・高等学校などにおいて，高速大容量の通信ネットワークを整備し，児童・生徒一人一人に対して 1 台の PC 又はタブレット端末の整備を進める GIGA（Global and Innovation Gateway for All）スクール構想を発表した。

　一人につき 1 台の端末を活用する方法として，小学校から導入されている ICT ツールであるロイロノート・スクールが挙げられる。考えをまとめるために，文字だけでなく，動画や写真，インターネット上の情報を記載した「カード」を作成することができる。教師が情報を一方的に提示するための ICT 活用ではなく，学習者がツールを使用して考え，それを他者と（クラスで）共有できるところに良さがある。ブレインストーミングのように思いついたことを「カード」に入力させ，それを分類したり，並べ替えたり（階層化），つなげたりさせたりすることが容易にできる。情報を教師側に送

第 13 章　教科書と教材研究・ICT やデジタル教科書の活用　　　　　　　171

信すれば，どの学習者から送信されたものかが表示されるので，いちいち氏名を確認する手間もかからない。ロイロノートを使用することで「クラス全体」での情報共有化も進むが，生徒への個別指導化も図ることができる。これまで手を挙げて質問したり，意見を述べたりすることが当たり前だったが，中には内気でできない学習者もいる。そのようなときに，何か質問があれば，「ロイロノートで先生に送信して」という指導を行うことで，内気な生徒からの質問や意見を吸収することも可能である。ICT は遠隔での通信（情報のやり取り）も可能にしてくれるが，見逃しがちなのは，近くにいても ICT での情報のやり取りは有効なのである。

ロイロノート・スクールの活用について

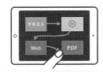

カードをつなげるだけ
自分のいろいろな考えをカードに書き出しましょう。
そのカードを線でつなげるだけで伝わりやすい順番に並べることができるから，授業中の短い時間で自分の考えをまとめることができます。

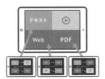

作ったカードはクラスで共有
作ったカードを先生に提出したり，生徒同士で交換しましょう。
提出されたカードを使って発表したり，友だちのカードを見比べたりすることで学び合いが生まれます。

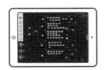

蓄積されてポートフォリオになる
先生からの資料，実験の動画，授業中の発表やプレゼン，振り返りなど，授業のすべてがノートいっぱいに蓄積されポートフォリオができていきます。
そのポートフォリオを振り返ることで自分自身の成長が実感できるから，子どもたちの学習意欲が溢れ出します。

思考力を育む
シンキングツール上にアイディアを書き出しましょう。
シンキングツールは「考える」パターンを図で表しています。
繰り返しアイディアから考えをつくり出すことで，思考力を育むことができます。

（ロイロノート・スクール Web ページより引用）

6. 生成 AI の活用

　生成 AI の活用は，その使用の是非が問題ではなく，うまく活用するにはどうしたらよいのかを指導するフェイズに入ってきていると思われる。プロンプト（prompt）とよばれる ChatGPT に対する命令や質問を入力することで回答を得られるわけだが，このプロンプト自体は学習者に考えさせることが大切である。情報を得られるツールの活用の仕方で，得られる情報に差が出るという経験が必要である。また，得られた情報と自己の意見を区別させるような指導も重要である。ChatGPT の活用で大きな問題となっているのは，他者の情報や意見をあたかも自己が作り上げたかのように使用してしまうことである。情報を調べたり，他者の意見を拝借したりしたときは，必ず情報源（著者，日付，出典等）を記録させる習慣づくりを指導したい。高等学校学習指導要領解説（2018c, p.117）にも，「必要に応じて出典や発信元を示す」ことが記されている。タブレット端末を活用して情報を調べさせる授業は多いものの，情報源を記録し，それも一緒にプレゼンテーション等で報告させる指導が不足しているのである。

7. デジタル教科書の活用

　デジタル教科書のよいところは，ピンポイントで情報を拡大したり，関連情報のリンクへ接続したりできるところである。また，生徒が解答した答えの正誤判断や解説が表示されたり，英文の音読では多彩な音読方法が選択できたりすることである。特に英語科では音声を扱うことから，生徒一人一人が個別に学習できるようイヤホンを用意することが重要である。これまでは，教卓から音声を一斉に流し，一つの聞き方を全員が共有していた。しかしながら，コーラス・リーディングは全員が一斉に発音するため，全体に引きずられて変なイントネーションが身に付く危険性がある（卯城，2009）ことも考慮し，イヤホンを付けた生徒たちが，積極的に個別で音読練習できる時間を保障していくことも，デジタル教科書のよい活用法である。

8. 主役は人間

　ICT や AI の活用は待ったなしの状況である。使用するかしないかの議論ではなく，もはやどう活用するかのフェイズに入ってきている。しかしながら，一人一人の子どもたちを大切にできるのは，生身の先生にしかできない（伏木，2024）。タブレット端末の画面上で，機械の文字に褒められても動機は高まりにくいものである。人がいるから学校の存在意義があり，人がいるから学校に行くのである。万一，停電や機材トラブルが起きたら何もできないような授業ではなく，人と人のコミュニケーションが主役になる授業を目指し，その中で効果的に ICT や AI を活用したい。

▶振り返り問題
1. 教材研究において大切なことは何か説明しなさい。
2. ICT とは何の略で，どのような使用方法があるか説明しなさい。

▶ Discussion Examples (No. 26)
　あなたは英語の授業で ICT を活用する自信はあるだろうか。もし不安があるとすれば，どのような点が不安であろうか。

　A さん　私は自信もありますが，不安もあります。これまで英語科教育法で行った模擬授業の中で，何回か ICT を使用してきたことは自信につながりますが，機材のトラブルで何回か授業が止まったことがあり，それが大きな不安です。ICT の使用を諦めて授業を再開しましたが，機材トラブルが起きたときにどう対処するかが課題です。

　B さん　私は ICT の活用に自信があります。これまでの模擬授業の中で，例えば，視覚的に内容を導入するときや，生徒間での意見共有するときに使用した経験が自信につながっています。しかし，生徒にインターネットを使用させる場合の情報モラルに気を付けさせることや，ツールの使い方だけではなく情報そのものの信頼性に気を付けることなど，考えるべき課題も多くあり，その点はまだまだ不安です。

第14章　語彙・語法・文法

　「令和の日本型学校教育」に関する答申では，学び方に焦点が当たっています。語彙・語法については，教師が一方的に教授するのではなく，学習者自身が適切かつ主体的に学ぶ方法をも指導することが重要です。そして文法については，文法用語を用いて詳細な文法ルールまで正しく覚えるような指導が従来みられましたが，コミュニケーションを支えるものとして，内容のある文法指導が求められています。本章では，コミュニケーション能力を身に付けさせる授業において，どのように語彙・語法・文法を扱っていくべきかを考えていきましょう。

▶ **Discussion Points**
No.27　コミュニケーション能力を身に付けさせる授業において，文法が果たす役割は何であろうか。
No.28　あなたがこれまでに行ってきた語彙・語法の学び方について振り返ったうえで，語彙・語法の学び方について，英語の授業で十分に指導がなされてきたであろうか。

▶ **Keywords**: 単語・語彙/語彙の広さと深さ/トークンとタイプ/レマとワード・ファミリー/発表語彙と受容語彙/宣言的知識・手続き的知識/文法の形式・意味・使用/フォーカス・オン・フォーム

1. 語彙指導

語彙論では，言葉の最小単位である単語 (words) とその集まりである語彙 (vocabulary) を区別している。語彙は単語のバリエーションということもできる。例えば，洋服は clothes という単語のほか，clothing, garment, outfit, wardrobe などと表現することができ，単語や表現の幅が多いことを「語彙力がある」という言い方ができる。

1.1. 語彙の導入

英語による新出語彙の指導には，①実物の提示，②説明，③言い換え (paraphrase)，④具体例の列挙，⑤反意語 (antonym) の活用，⑥接頭辞 (prefix)・接尾辞 (suffix) の活用，⑦コンテクストの活用などがある。①は英語入門期で，抽象度の低い語の導入に最適である。②は，例えば This building is a dormitory. Some students live together in this building. などと，新出語彙 dormitory を英語で説明する。この際に気を付けねばならないのは，dormitory は名詞なのだが，Some students live together in this building. とセンテンスで説明しており，意味や概念を説明できているものの，dormitory の品詞概念を壊してしまうおそれがあることである。③は，新出語彙よりも易しい表現への言い換えが前提であるため，学習者の言語材料がある程度ないと実践は難しい。④の具体例の列挙は，例を一つだけでなく，複数提示することによってあいまいさが解消する場合が多い。例えば interesting（面白い，興味のある）が新出語彙だった場合，I like English. It is interesting. と 1 例目を提示する。この段階では「英語が得意なのかな」などとモヤモヤ程度に思っているが，2 例目で Traveling abroad is also interesting for me. と提示すると，「海外旅行は得意とは言わないから，興味があるのかな」と意味が次第に絞れてくるのである。⑤の反意語は難易度が高い。なぜならば，「対」になっている必要があり，かつ反意語自体の意味を理解できる必要がある。例えば，He refused her offer. It means that he didn't accept her offer. というように，refuse と accept の反意性を活用するが，accept が既習という前提で成立する。

日本語を使用して新出語彙を導入するのは，抽象度が高く，かつ上の①から⑦の英語による導入よりも効果が高いと判断される場合である。また，上の①から⑦の英語による導入のあと，学習者に概念や推論レベルの意味形成ができた状態で，語彙の正しい意味を「確定」させる場合にも日本語の使用は有効である。帰納的提示による概念や推論レベルの意味形成が作られないうちに，新出語彙を日本語で導入してしまうと，「先生は refuse の訳を『拒む』と言いましたが，『断る』でもよいですか」などというように，学習者は日本語として表現の「沼」にハマる可能性がある。核（コア）となる概念や意味を，英語を通して気付かせずにいきなり日本語訳をすることは，とてももったいない指導なのである。日本語訳は手っ取り早く思われるかもしれないが，急がば回れの精神で，英語を使って「概念」を形成させたい。

2. 語彙の広さと深さ

どれだけの単語数に関する語彙知識があるかという「広さ」とともに，一つ一つの語彙に対する知識の「深さ」が大切である。語彙知識の「広さ」とは，どれだけの語彙数を知っているかという量のことである。Nation (2001) は英単語の数え方を，トークン (token) とタイプ (type) に分類している。「トークン」とは，とにかく単語をそのまま数えていく方法で，延べ語数ともいえる。

一方で，「タイプ」とは，同じ単語が出てきた場合は数えないで，新しい単語が出てきたときだけ数える方法である。同じものは数えず，異なり語数ともいえる。学習指導要領では，この数え方を採用している（伊村，2003）。さらに，このタイプといわれる単語の数え方は，レマ (lemma) とワード・ファミリー (word family) に分けられる。「レマ」とは，見出し語 (head word) のことであり，その複数形，過去形や比較級などの変化形をまとめる方法である。例えば，talk, talked, talking は一語と数え，辞書の見出し語とほぼ同じとなる。一方で，「ワード・ファミリー」は，見出し語と変化形に加えて，派生語も含んだより大きなまとまりとして数える方法である。例えば，happy と unhappy, happiness をそれぞれ一語として数えていく。

平成19年改訂の学習指導要領では，目標とする英単語数を中学校で1200語，高等学校で1800語の計3000語としていた。しかし，平成29年改訂の新学習指導要領では，小学校で600語〜700語，中学校で1600語〜1800語，高等学校で1800語〜2500語とし，合計で4000語〜5000語とかなり増加した。

図14.1は，大学入学センター試験及び共通テストにける単語数の推移を表したものである。トークン（延べ語数）の数え方で，2014年にはパッセージと問題文を合わせて4187語だった英単語数は，2023年には6000語となり，10年間で約1.4倍に増えている。

図 14.1. 大学入学センター試験及び共通テストにける単語数

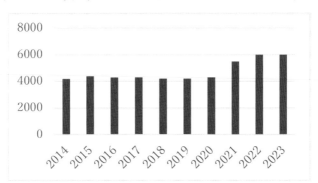

大学入学共通テストは，大学に入学を志願する者の高等学校段階における基礎的な学習の達成の程度を判定することを主たる目的とする（大学入試センター）のであるから，延べ6,000語にのぼる英単語を読んで，処理することが基礎的な学習の達成として求められているわけである。

語彙の「深さ」という観点は，一つの単語についてどれだけたくさんの情報をもっているかということであり，語の使用頻度や連想，接辞の知識，統語的特徴などである (Nation, 2001)。例えば，takeを辞書で調べると「〜を取る」という中核的な意味が出ているが，これに加えて「買う」「授業を取る」「人を連れていく」「時間がかかる」「薬を飲む」など多様な意味を知っていたり，takeがtookと不規則変化することを知っていたりすると，語彙の

深さとして「深い」ということができる。また，語彙知識について，受容語彙 (receptive knowledge) と発表語彙 (productive knowledge) も大切な観点である。受容語彙とは英語を読んだり聞いたりするときに理解できる語彙知識であり，発信語彙とは英語を書いたり話したりするときに用いることができる語彙知識のことである。

検定教科書としては，学習指導要領に定められた指導語彙数を担保して作成されているから，語彙の「広さ」としては保障されている。しかし，語彙の「深さ」については，教科書で新出語彙が出てきた際に語形変化などを扱い，他品詞の情報も指導するなどして担保することが求められる。

3. 文法の知識

文法に関する知識は，宣言的知識 (declarative knowledge) と手続き的知識 (procedural knowledge) に分けられる。宣言的知識は，文法に関する事実や概念などに関する知識で，英語では主語が三人称単数現在形のとき動詞に s(es) をつけることなど，言葉で説明できるものである。一方で，手続き的知識とは，実際に使用するノウハウのことであり，先の三人称単数現在形の例では，英語を実際に使用する際に，三人称単数現在形の s(es) を付けて用いることができることである。これは言葉で説明することが難しく，その知識を使って行動が可能になることである。自動車の運転で例えるならば，乗車したらまずはシートの高さを調節し，ルームミラーを調節してなどと，車の運転に必要な知識を意識的に確認しているうちは宣言的知識である。一方で，無意識のうちに自然にできるようになっているのが手続き的知識である。教室では，宣言的知識を教えるだけでなく，手続き的知識に結び付けていくような体験（活動）が必要である。しかしながら，手続き的知識を得るのは一朝一夕にはできないことであるが，授業時間も限られていることから，授業では長い説明よりも体験させてみることが大切であり，学習者側にも自身で手続き的知識を確実にするような学習行動が必要である。限られた時間の授業で教師が全てのことはできないのであるから，いかに学習者の学習意欲を高め，学習の方法（学び方）も教授し，学習者がその後を自分自身

の手で高めていけるかが鍵である。

　文法指導では，言語形式・意味内容・言語機能のトライアングルで考えることが重要である。文法力に関して村野井（2016）は，「文法力は語彙力とともに人間のコミュニケーション能力の根幹を構成するもの」（p.1）と述べ，その重要性について触れている。「文法」とは Quirk et al. (1985) によると，統語 (syntax) と形態 (morphology) によって構成されると捉えられ，Larsen-Freeman (1991, 2003) によると，文法を形式 (form)，意味 (meaning)，使用 (use) の 三観点で捉えることが重要である。日本の教室における文法指導では，形式と意味だけを結び付けることが多くみられる。例えば，受動態であれば，「be＋過去分詞」という形式を用い，「〜れる/られる」という意味になるという指導である。しかしながら，受動態はどのような場面で用いられるのかという「使用」に関する指導が足りないのである。受動態であれば，スポットライトが一番当たる主語に，動作を受ける側の人やものがくるということである。そして，受動態を用いる利点は，能動態の文の主語＝動作主（by 以下の部分）を書かなくてもよいことを指導する必要がある。

　　（例）　The postman delivered the letter.
　　　　　The letter was delivered.

受動態のこのような利点を使えば，だれによってされたものなのかわからないときや，例えば，説明書や論証文など客観性のある文において，動作主を書く必要のないときに役立つことが考えられる。

4. 文法指導の目的と課題

　中学校学習指導要領を振り返ると，平成 10 年度告示版（文部省，1998）で初めて，文法指導について「用語や用法の区別などの指導が中心とならないよう配慮し，実際に活用する指導を重視するようにすること」と記載された。そして平成 20 年度告示版（文部科学省，2008）では，文法指導に関する記載が更に増えている。そして，中学校の新学習指導要領（文部科学省，2017）では，「文法はコミュニケーションを支えるものであることを踏まえ，

コミュニケーションの目的を達成する上での必要性や有用性を実感させた上でその知識を活用させたり，繰り返し使用することで当該文法事項の規則性や構造などについて気付きを促したり」することと述べられている。つまり，文法はコミュニケーションを支えるものであり，コミュニケーションを通して，文法を扱うことが明記されている。

　文法指導では，生徒が最終的に文法の手続き的知識，つまり実際のコミュニケーションにおいて文法を適切に活用できる技能が身に付くようにすることが重要である。

5.　文法指導の理論と方法

　フォーカス・オン・フォーム（F on F）とは，言語の意味にまず着目させ，そして形式に注意を向ける文法指導法である。フォーカス・オン・フォームは，言語の形式指導とコミュニケーション指導のバランスを考えた言語観（アプローチ：approach）であり，和泉（2009, pp. 145-148）によると，次のような特徴をもっている（下線は筆者による）。

- 意味あるコンテクストの中で学習者の注意を必要な形式面に向けさせていく
- 実践的且つ正確なことばの使い方を教える
- 意味あるコミュニケーションの場が大前提
- コミュニケーション活動と文法学習を統合
- 単なる量的な操作による両者のいいとこ取りではない

　伝統的教授法では，文法規則や語彙などの「言語形式」を重視して教えていた（和泉, 2009, p. 13）。これをフォーカス・オン・フォームとは区別して，フォーカス・オン・フォームズ（focus on forms）とよぶ（Long & Robinson, 1998）。しかし，この教授法では，先の和泉による特徴にもある「意味あるコンテクスト」「意味あるコミュニケーション」とは切り離された指導となりがちであった。内容を重視することで，学習者の学習意欲向上にもつながり，かつ内容と言語を結び付けていくことで，有意味な文法学習が期待

される。

　白井 (2004, p.105) は「文法は教えたらできるというのは幻想」と述べている。文法は教えるものではなく。内容から意味を考えたり，コミュニケーションをする際に支えたりするものとして捉え，適切な場面を与えて使用する体験を通して習得させていきたい。

▶ 振り返り問題
1. 宣言的知識と手続き的知識について説明しなさい。
2. フォーカス・オン・フォーム（F on F）の考え方について説明しなさい。

▶ Discussion Examples (No.28)
　あなたがこれまでに行ってきた語彙・語法の学び方について振り返ったうえで，語彙・語法の学び方について，英語の授業で十分に指導がなされてきたであろうか。

Aさん　語彙・語法の学び方について，指導は十分ではなかったと思います。特に語彙学習においては，宿題として家で，自分で意味を調べてくるというのが当たり前になっていました。しかしこれは，考えたり，学んだりというよりも，機械的に辞書に書いてある情報を写す作業になっていた気がします。もっと授業で，実際の使われ方も指導してほしかったと思います。

Bさん　単語の指導については，少し不十分だったように思えます。私の学校では，毎週朝に英単語テストが行われ，その英単語を使って何かをするというよりは，覚えてテストで満点を目指すことがゴールになってしまっていたと感じるからです。

第15章　令和の日本型学校教育における授業の運営

　令和3年の中央教育審議会答申では,「令和の日本型学校教育」がうたわれています。日本は古くから和を大事にしてきましたが,集団において,暗黙のうちに少数派が多数派に合わせるような「同調的圧力」が問題視されるようにもなってきました。特に英語科の授業では,ペア,グループや教室内で意見を述べることが多く,他者の目が気になるものです。個の意見を尊重しながら,学習者集団としての「まとまり」も作っていかねばならない大きな役割が教師にはあります。本章では,これからの教育の在り方を考えながら,指導や学習の個別最適化についてみていきましょう。

▶ **Discussion Points**
No.29　指導や学習を個別最適化するにはどうしたらよいであろうか。
No.30　もし何でも許されるとしたら,あなたの理想とする英語教室はどのような環境であろうか。

▶ **Keywords**: 金魚鉢モデル / プールモデル / 大海モデル / 反転学習 / 同時相互作用 / 指導と学習の個別最適化 / 協働的な学び

1.　英語教室はどのような場か？

　日本の英語教育は「金魚鉢モデル」(fishbowl model)と「大海モデル」(open seas model)に例えられてきた(Yoshida, 2004)。「金魚鉢モデル」とは,金魚鉢という小さな世界に生きる金魚が,きれいな水の中で外敵から守

られ，労なくエサが与えられるように，世話をしてもらわないと生きていけない環境を表している。英語教育に当てはめると，教室内で教師が生徒に必要（以上）な知識情報が手厚く与えられ，生徒たちはそれらを待つようになり，学校（規範）文法に則った「正解か不正解か」にこだわる「コミュニケーション不要」の指導法である。その一方「大海モデル」とは，大海原で自らが暮らすための水を探し，絶えず変化する環境に適応しながら，自らの食べ物を探さなければならない魚のように，「どの英語も通じ合うという特性」をもって，世界中で「違った文化をもった人間同士が，その違いをいかに乗り越えて互いにコミュニケーションしていくか」を問う考え方である（pp.15-16）。前田（2016）は，金魚鉢と大海の間に存在すべき「プールモデル」（pool model）の考え方を提唱している。学習者の発達段階に応じて水温や水深を調整し，沖に流される心配はないが，本物らしい波を経験させられる「流れるプール」のように，ある程度広いけれどもしっかりと安全管理がされている環境の例えである。「プールモデル」は，しっかりとした目的や場面が与えられたコミュニケーションを成功させるために，学習における不安要素を低減化させるための教育的配慮（支援）が施される中，学習者が中心となって日常生活で実際に必要となる力を付けるために，仲間と協働して課題を解決していく「疑似コミュニケーション」（pseudo-communication）を行う場である。教える教師側にとっては，学習者の熟達度に応じて，必要な「支援」の調整がしやすいモデルであり，学習者にとっては，失敗しても致命傷とはならず，不安要素を減らしながら上達が感じられるモデルである。日本の英語教室は，「金魚鉢」でも「大海」でもなく，学習者の熟達度に合わせた支援の行える「プール」のような環境であるべきである。

学習環境といえば，これまでは紙媒体の教科書や教師が用意した投げ込み教材等により情報は用意され，学習者が同じ情報を共有することが多かった。これからは，タブレット端末などから教室外の情報に直接アクセスする時代である。知識伝達型の授業から，経験・体験型の授業へと学習環境自体が変わってきている。伏木（2024）は，次期学習指導要領改訂では，場の環境整備，つまり学習環境という「ハード面」の改善がポイントになってくると指摘している。筆者が視察のために訪問した韓国・パジュ英語村では，演

劇を通して英語を学ぶための舞台を備えた教室があったり，理科の実験や調理実習を通して英語を学ぶ実験室や調理室があったりした。教室の雰囲気が学習者をその気にさせる「ハード面」の整備がなされていた。英語で劇をするには雰囲気が重要である。「〇〇ごっこ」では恥ずかしさや，高学年ではさせられている感がぬぐえないものである。現在の日本では，学校だけではなく，病院も役所も同じような造り，同じような色であるが，開放的で学習者の主体性なコミュニケーションが誘発される学習環境づくりが今後進んでいくものと思われる。

ドラマを通じて英語を学ぶための教室（筆者撮影）。舞台や照明設備が整っている。学習者が配役を決め，英語劇を行いながら，英語を学んでいく。

教室のうしろには様々な衣装が用意されている（筆者撮影）。演劇を専門とする英語ネイティブ・スピーカーも常駐している。

調理を通して英語が学べる教室（筆者撮影）。グループで英語を用いてコミュニケーションをとり，料理を協働的に作る。

2. 時間の管理について

　授業時間は有限である。同一学年を一人の教師だけが担当することは少なく，複数の教員でチームとして受けもつことが多い。そこで懸念されるのが「進度」である（前田，2012）。どうしても「今日はここまで終わらせなければならない」として，学習者の顔よりも時計ばかりを気にする授業にするべきではない。そのためには，何を重点的に扱い，何を端折るのか，「取捨選択」が大事になってくる。

　コミュニカティブな授業では，使用場面を示し，それを実際に使ってみる場を与えなければならない。そのために，ペアワークやグループワークを多く取り入れることが必要だが，これは時間のかかるプロセスでもある。反転学習（flipped learning）のように，学習者が家庭学習として知識の習得などを授業の準備として行うことで，授業ではコミュニケーション活動に時間配分をすることができる。しかしながら，コミュニケーション型の授業を徹底し，意味中心の授業を行うと，生徒の家庭学習時間が減少することがある。コミュニケーションして意味のやり取りを行う言語活動を中心に授業を組み立てていると，生徒は家庭に戻って一人になったとき，何をすればよいのかわからなくなることがある。コミュニケーションのために言語活動中心の授業で行っていることの大半は，一人でやることよりも仲間とのコミュニケーションが多く，生徒は家庭に戻り一人になったときに，何をすればよいのかわからないのである。授業では，「授業でしかできないこと」をする，家庭では，「生徒が一人でもできること」をさせるということを，具体性をもって教師が理解し，生徒に「家で何をさせるか」を明確に指示する必要がある。

　1時間の授業（50分）でできることは限られているが，一つの単元として，10時間程度のまとまりで考えられると，今日の授業ではまず内容に焦点を当てて，学習者にテーマに対して問題意識を抱かせる，次の授業では内容から言語面に焦点の重心を変えてみる，そして更に次の授業ではグループワークを通して学び合いを深め，また別の授業では個別の発表時間を設けるなど，点ではなく「線」で結ばれた系統的な授業づくりを考えることができる。正頭（2024）は単元という考え方だけではなく，一年間を三つの時期に分け

ているという。学習の方法を指導する「一斉型」の授業が多い時期から始め，子どもたちに自分でさせてみる「体験型」の授業が多い時期を経て，最後は「個別＋協働学習型」の授業が理想的に組み合わさる時期にもっていくのだという。

3. 生徒が活躍する授業

　日本の教室では，教師がわかりやすく説明し，生徒はそれを静かに聞くことがよいという風潮があり，いまでも特に高等学校の教室ではよくみられる傾向である（和泉，2009, pp.12-14）。ペアワークなどによって，学習者が自分の考えをたくさん話す工夫が必要である。Jacobs and Small (2003, p.6) は同時相互作用 (simultaneous interaction) に触れている。同じクラスが2人ずつのグループになっている場合，20人の生徒が同時に話していることになる。ペアワークなどは，日本のようにクラスサイズが大きい場合に有効な方法である。学習指導要領でも対話的で深い学びと表現されている協働学習 (collaborative learning)（新学習指導要領では，「協同」としていた用語を「協働」と改めている）は，Johnson et al. (1994) によると，「学習者自身とグループメンバー相互の学習を最大化するため，共に学習する小グループの教授的活用」であるという (p.18)。つまり，協働学習においては，共通の目的を達成するために仲間と作業し，自分だけでなく仲間全員にとって利益 (benefits) のある結果が求められる。この協働学習を成立させるには，Johnson et al. (1994) によると，肯定的な相互依存関係 (positive interdependence) について，次の五つの要素から構成されているという (pp.18-83，要約のうえ筆者訳)。①肯定的な相互依存関係（仲間が成功しない限り自分も成功しないという構造にあること），②対面での促進的な相互作用，③個人の責任（個々人が課題達成に対し努力する必要性を認識していること），④社会的スキル（対人・集団に大切なコミュニケーション能力の必要性を認識していること），⑤グループプロセスの振り返り（グループのやり取りの中で，よかったことや改善した方がよいことなどを学習者自身が振り返る機会を与えること）。

アクティブ・ラーニングも，これまで多かった教師の一方的な講義形式の授業ではなく，学習者が能動的に考えて学習する方法を指す。しかしながら大切なことは，グループワークなどの学習形態そのものは手段であって，グループワークなどで目標達成のために協力して，自己の責務を果たすために思考したプロセスを言語化し，表現するという目的が大切なのである。

4. 令和の時代に求められる教室・授業

令和3（2021）年に中央教育審議会がまとめた答申には，「令和の日本型学校教育」として，「個別最適な学び」と「協働的な学び」の実現が述べられている。令和3年答申では，個別最適な学びについて，指導の個別化と学習の個別化に整理している。まず，指導の個別化では，一定の目標を全ての児童生徒が達成することが目指されている。「全ての子供に基礎的・基本的な知識・技能を確実に習得させ，思考力・判断力・表現力等や，自ら学習を調整しながら粘り強く学習に取り組む態度等を育成」するために，教師による支援が必要な学習者への重点的な指導，学習者一人一人の特性や学習進度，到達目標に応じて，指導方法や教材等を柔軟に設定，提供されることがうたわれている。この「指導の個別化」について伏木（2024）は，「学習者に対し，個別に何かをさせればよいというわけではない」と指摘している。大切なのは，個々の学習者に応じて異なる方法で学習を進めることであり，教師による多様な学習選択肢の設定と学習者への提供である。英語の指導に当てはめてみると，筆者はよく「単語帳を買った方がよいかどうか」を尋ねられることがある。どうしても自身の経験だけを基にして，「単語帳を買ってコツコツ覚えた方がよい」などと指導しがちである。しかしながら，指導の個別化を考えると，教師自身がよかった学習方法という視点だけではなく，その学習者に応じて適する語彙学習の方法は何かを指導していくことになる。そのような個別の指導を可能にするのは，ICTを活用した学習データの把握である。「あなたは基礎的な語彙力があるので，Graded Readersのレベル2から自分が面白いと思う話を選んで，少し長めの読みものを一気に読んでみたらどうですか」のように，一人一人の学習者に合った学習方

また，学習の個別化については，学習者一人一人に応じた学習活動や学習課題に取り組む機会を提供することで，学習者自身が自分に最適な学習方法を採ることである。この学習の個別化について筆者は，タブレット端末を活用し，「教科書に登場した人物に宛てて，自分と協働して活動してもらえるよう，自己 PR や新しい提案をしてみよう」という指導を行ったことがある。各自の思う必要な情報の探索，データの処理を行い，説得力のある PR 動画を作成する活動である。

○ 指導の個別化
　学習者一人一人に適合した指導方法を提案したりや実施したりすること
○ 学習の個別化
　個々の学習者が自分の興味・関心に応じて，学習を深め，広げること

　知識技能の伝達型の授業だけではなく，探求的な学習や体験活動などを通じ，学習者同士や地域の人々をはじめとする他者と協働しながら，必要な資質，能力を育成することを協働的な学びという。前田他（ベネッセコーポレーション，2019）は，石川県・富山県から，それぞれ担当教科・科目の異なる有志の教師 6 人が集まり，仮想の高等学校「平和町高等学校」の教師として協働的な学びの授業を行った。参加した生徒は，石川県内の 4 校より 1・2 年生各 5 人の計 20 人。各校の生徒が 1 人ずつ入った 4 人 1 組の班で授業を行った。授業のテーマは，「コンビニを科学する〜平和町に理想のコンビニを創ろう〜」。コンビニエンスストア（以下，コンビニ）の売り上げに影響する要素について，社会・数学・理科・英語・国語のアプローチでそれぞれ考える授業を 20 分間ずつ実施後，「店の経営が持続可能で，かつ利益が最大化し，客も存続し続けてほしいと思うコンビニ」について，班ごとに話し合い，それぞれの案を発表した。コンビニの立地は，会場校の高等学校が位置する町とした。各班で，ターゲットとなる客層を設定し，その客層に向けた一押しの商品とそれを陳列する位置を決め，商品を宣伝するためのポップ広告を作成することを目標とした。そして最終的に，そのポップ広告を基に，地元のコンビニにプレゼンテーションするところまでが行われてい

る。このように，学校，学年，教科を横断した形の協働的な学びも全国では活発に行われている。

　正頭（2024）によると，学習者が，「調べてみる，作ってみる，試してみる」ことをしたくなるような授業が大事だという。これまでの英語授業では，みな同じ情報（教科書）をもち，教師から一斉に同じ説明を受け，同じ答えを求めていた。もちろんそのような部分も残しながら，得ている情報が異なる，自分で最適な学習方法を知る，AIも活用し最適な助言を得る，互いにもっている力を合わせて，対立よりも対話ができる「令和の時代に求められる教室・授業」を目指していきたい。

▶ **振り返り問題**
1. 個別最適化とは何か説明しなさい。
2. 協働的な学びとは何か説明しなさい。

▶ **Discussion Examples** (No.30)
　もし何でも許されるとしたら，あなたの理想とする英語教室はどのような環境であろうか。

　Aさん　海外で行われている授業とつないで，留学しているような形に近い英語学習環境にすることが理想です。今の英語教育のような，ALT1人に対し，生徒40人は，コミュニケーション能力の育成に全く理想的ではありません。海外の学校と授業をつなげば，現地の先生だけではなく，生徒とも一緒に学べるような環境にできるし，それによって双方の生徒が刺激を受けるのではないでしょうか。

　　＊ICT等を用いて，オンラインで海外と交流を行う教育手法を「オンライン国際協働学習」（Collaborative Online International Learning: COIL，コイル）という。大学レベルでは，2018年より文部科学省「人間の安全保障と多文化共生に係る課題発見型国際協働オンライン学習プログラムの開発」事業として，数大学が採択され，実践を行っている。

　Bさん　有名コーヒーチェーン店のように，リラックスできるソファーがあり，しかもそのソファーは全部が前を向いていない，開放的な空間で英語を勉強したいです。今の教室は，机の間に先生がやってくると，何だか緊張

してしまうし，意見を求められても，手を挙げるのに勇気が必要です。ふだんのコミュニケーションは，そんな堅苦しいものではないと思うので，もっと開放的な雰囲気が理想です。

場面別ミニ模擬授業①・導入

〈ビジュアル・イントロダクション (Visual introduction)〉

■ **活動の目安**：約 8 分

■ **準備**
- 本時で扱う内容に関連した2枚の写真を用意する。例えば，海洋汚染が本時のテーマであれば，インターネット検索画面おいて「海洋汚染」と入力して写真を検索すると，海岸がごみで汚れている写真やウミガメが誤ってプラスチックを食べてしまっている写真が見つかる。このように，適宜，本時のキーワードから写真検索する。
- 1枚の写真に写っているものの多さや静止画か動画かによって，活動の難易度を調整することができる。
- 英語の使用を基本とし，ジェスチャーの使用可否は学習者の熟達度に合わせて選んでもよい。
- ワークシートには，絵を描くための空枠と，あとで表現をメモするときに用いるメモ欄を作っておく。

■ **活動方法**
- ペア (Student A & Student B) で活動させる
- Student A は，スクリーンが見えないよう教室後ろを向かせる。
- 1枚目の写真を提示し，Student B が英語で説明する。
- 説明の時間は，写真の難易度に合わせて30秒から1分程度とする。
- Student A は，Student B の説明を聞いて，絵で状況を描写する。
- 時間が来たら，Student A と Student B の役割を交代させる。
- 今度は Student B が教室後ろを向き，Student A が英語で説明する。
- 2枚目の写真を提示し，先と同様に進める。

・ペアの双方の説明＆描写が終わったところで，全員を前に向かせ，スクリーンにて，2枚の写真を順に提示する。
・見てきた2枚の写真について，教師が"What is he doing?"などと描写のポイントに関する発問をし，クラス全体で，写真について英語で説明ができるよう言語面から指導する。

■ 指導のポイント

　これから読むパッセージの内容を端的に表現した「良質の写真や映像」を2枚（2パターン）用意することが重要である。教師はよい写真や映像を選び，学習者に対し，自由に表現させる。写真との照合のときに，Where is this?/Who is here?/What can you see? など概要を捉える質問から入り，次に How many/How long ～? など要点や詳細を確認するような発問をする。この教師の発問の仕方から学習者は学び，次回に活動するとき，写真について「概要」を伝えてから，「詳細」を説明するようになっていくのである。本編第4章及び第6章でも述べたが，まずは場面や概要をつかませる指導が大切である（文部科学省，2018c）。これについて前田（2012, p.148; 2016）は「ザルからトレーモデル」を提唱している。はじめは目の粗い「ザル」で大きな情報だけをすくい，徐々に目の細かい「ザル」にしていき，さいごは情報の取りこぼしがないよう「トレー」で小さな情報を受け止めるイメージである。

　教師による写真の説明に，できればターゲットの文法も絡ませておくと，文法の導入ともなる。生徒は写真を見て，「言いたいこと（内容）」をすでにもっている状態であるから，それを表現するにぴったりとくる言葉がすっと頭に入りやすい状態となっている（「フォーカス・オン・フォーム」の考え方，第14章参照）。英文理解には「イメージ」が必要であり，状況モデルの構築につながる指導が必要だが，ビジュアル・イントロダクションは，写真を起点としているので，イメージと英語を結び付けやすい利点がある。オーラル・イントロダクションでは，ついつい教師がしゃべりすぎることが多々あるが，この活動は生徒が中心となって活躍するものである。

場面別ミニ模擬授業②・音読活動

〈ランニング・ディクテーション（Running dictation）〉

■ **活動の目安**：約8分

■ **準備**
・既習の英文（6文程度）が箇条書きされたA4紙を用意する（同一のものを4枚）。英文は前時の授業で扱ったものを，少し改変（代名詞を替えるなど）したものがよい。
・教室の四隅に，箇条書きされたA4紙をセロハンテープなどで1枚ずつ貼っておく（使用後の片付けを考えて，セロハンテープの先は少し折っておく。セロハンテープは，紙の上辺の隅に，紙に対して斜めではなく，垂直に貼るとあとではがしやすい）。

■ **活動方法**（前田，2021より引用）
・生徒をペアにさせ，白紙（A4紙半分）をペアに1枚配布する。
・ペアでじゃんけんをさせ，勝者はライター，敗者はランナーになる。
・箇条書きで書かれた英文を1文ずつ交互に担当し，ランナーが貼られた紙のところまで行って英文を暗唱し，ライターのところまで戻ってきて，覚えたことを伝える。ライターは白紙にランナーから伝えられた英語を書く。
・一度になるべくフレーズごとに覚えるよう指示し，何度見に行ってもよいことを伝える（原稿の英文にスラッシュを入れておいてもよい）。
・四隅にあるので，教室の対角線上にある紙のところ（例：教室の右前のエリアに座っているペアは，教室の左うしろ）に行くことをルールとする。
・目がよくても必ず紙の前に行って覚え，声が大きくても必ずペアの相手のところに戻ってから小声で伝えることをルールとする（ほかのペアに聞こ

える ため）。
- 1文ごとにライターとランナーの役割を交代する。
- 全文書き終えたペアは，終わった時点で手を挙げさせ，クラス全体の3分の2程度のペアが終わったところで，全体が強制終了となる（早く終わったペアを待たせすぎないため）。
- スクリーンに英文を投影し，ペアで自分たちの英文をチェックさせる。

■指導のポイント

　ランニング・ディクテーションは，伝えたいことの記憶保持（retention）と，相手に伝えることを意識した音読の練習方法である。まず，学習者には教室内外で音読練習をしっかりと行わせておく。教室では発音やイントネーションなどの指導を行い，家庭学習ではタブレット端末等を用いて，個人練習を行わせる。音読練習した成果がランニング・ディクテーションというゲーム感覚の音読活動で発揮される。

　ランニング・ディクテーションの活動中に気付くのは，学習者が，壁に貼った紙を見ながら「ブツブツ」とつぶやき，ペアの元に戻る間にも，忘れないように，「ブツブツ」つぶやいていることである。このつぶやきのことをマンブリング（mumbling）という。マンブリングは，「シャドーイング（shadowing）に入る前の下稽古ともなる」（門田，2007，p.228）大切な過程である。また，記憶への定着効果も期待される。例えば，近くにメモするものがなく，メモするためのものを見つけるまでの間，我々は何度もその内容を反復して，記憶の保持を図っている。覚えておきたい情報を「ブツブツ」とマンブリングして，更に長期記憶への保持を図っているのである。

　このランニング・ディクテーションは，生徒が眠くなりやすい午後などに最適である。速く終えようと一生懸命に取り組んでくれる。ただし，急ぐ生徒がつまずいて転倒しないよう，生徒たちのかばんやプロジェクターの配線が邪魔にならないよう安全な導線の確保が大切である。

場面別ミニ模擬授業③・コミュニケーション活動

〈ディクトグロス (Dictogloss)〉

■ **活動の目安**：15 分

■ **準備**

既習の英文を用意する。できれば内容をすでに確認済の英文に関する，サマリー英文を用いるとよい。ディクトグロスのワークシートを用意して記入させ，綴っていくことで，ポートフォリオのようにあとで進歩の過程をみられるようにしていくとよい。本活動で用いるサマリー英文の音声は，録音でもよいし，教師が読み上げてもよい。

■ **方法**（前田, 2021, p.10 より引用）

(1) Dictation phase
・学習者が内容的に既習のパッセージを，発達段階に応じた聞き取りスピードで 3 回読み上げる（音声を流す）。
・1 回目は全体を把握するために，メモを取らずに聞かせる。
・2，3 回目で重要だと思う語句のみをメモさせる。

(2) Reconstruction phase
・小グループを作り，各自のメモをもち寄り，元の英文を復元させる（日本語を使って話し合ってよい）。
・文法の正確さや話の一貫性を重視するが，原文そのものでなくてもよいと指示する。
・頃合いをみて，もう一度，音声を流す。

(3) Analysis, correction, discussion phase
・原文を配布し，復元した英文と比較・分析させる。

(4) Reflection phase

・気付いたことや感じたことを書いて振り返りをさせる。
(5) Option
・もう一度音声を聞いたり，原文を書写・音読させたりする。

■ **指導のポイント**

　ディクトグロスは一種の「再話」といえ，リテリングの手法を含むものである。再話について，卯城他 (2009) は次のように述べている。

> 「再話」では，そのテキストに目を通していない相手にもわかるように伝えるために，自分の頭の中で，英文内容を一度整理することになります。じつは，この過程がテキストから得た情報と読み手の背景知識を統合する読解プロセスと類似しているとも言えます (p.13)。

ディクトグロスにおいて，音声から得た情報を，英文として復元させていく過程で，「ここはこういうことをいっていたのだろう」というように，内容や文法の情報，学習者の背景知識を統合するのであり，これが状況モデルの構築につながっていくものと考えられる。

　ディクトグロスでは，まず，的確にメモを取ることから始まる。「的確に」というのは，まさに，「どの語句をメモすれば，あとの英文復元に貢献するか」ということであり，これは「聞き取りのポイント」にほかならない。瀧沢 (1997) はメモを取ることについて次のように述べている。

> 「メモ」をとることによって，生徒自らが「聞き取りのポイント」を追い求めるわけである。つまり，大事なポイントを「メモ」するようになる。この「活動」を続けていくうちに，必ず生徒は変わる。（まえがきより）

　ディクトグロスは，ペアやグループワークを基本としており，学び合いも期待することができる。内容を考えながら，書き取ったメモを基に言語形式を考えていくので，フォーカス・オン・フォームの考え方に基づく指導である。

　ディクトグロスは，聞き取りのポイントを絞ること，仲間との協働学習の大切さ，内容と言語形式の統合型学習，原文との比較による分析能力など，英語力を伸ばすための秘訣が詰まった学習方法といえる（前田, 2021）。

Dictogloss Activity Sheet

Student# (   )   Name (   )

1. Take notes

2. Reconstruct the story

3. Copy the original story and read it aloud

4. Write your comment on today's activity

付録①:模擬授業コメントシート

下のコメントシートを用いて、模擬授業を仲間同士で評価してみましょう。

模擬授業 コメントシート

コメント記入者氏名 (　　　)
模擬授業実施者氏名 (　　　)

特に優れていた項目に○を記入→	声量の適切さ	全体の目配り	指示の明確さ	板書や写真・絵	机間指導	ハンドアウト

更によい授業にするための改善点

付録②：PCPP場面別教室英語 (前田, 2021, pp. 65-67 より一部引用)

[Presentation]

■ まだざわついていて，教科書が机上に用意されていないとき
　　Are you ready to start?
　　Let's get started.
　　Do you have your textbook?

■ 宿題を集めるとき
　　Pass your homework to the front.

■ 机を合わせ，ペアやグループ学習をさせるとき
　　Move your desks and make pairs.

■ 4人グループを作らせるとき
　　Make groups of four.

■ 教科書を開かせるとき
　　Open your textbook to page 20.

■ 教師がオーラル・イントロダクションを始めるとき
　　Now, listen to me carefully.

■ ハンドアウトを配布するとき
　　Take one and pass them on, please.

[Comprehension]

■ 答え合わせをするとき
　　Let's go over the answers.

■ 筆箱からペンを出させるとき
　　Take a pen out of your pencil case.

■ 答えを訂正させるとき
　　Correct your answers.

■ 隣同士で交換して答え合わせをさせるとき
　　Switch to your partner and check your friend's answers.

■ 隣同士で話し合いをさせるとき
　　Talk to your partner.

■ 赤ペンで重要な部分に印を付けさせるとき
　　Mark the important parts with a red pen.

■ 意見を尋ねるとき
　　Why do you think so?
　　How do you feel about 〜?

[Practice]

■ 大きな声で音読させるとき
　　Please read it louder.

■ 教師のあとに続けて練習させるとき
　　Repeat after me. / After me. / Let's say together.

■ 個人で読む練習をさせたいとき
　　Read this story aloud / silently by yourself.

■ できるだけ速く読ませるとき
　Read this story as fast as possible.

■ 終わったか確認するとき
　Are you finished?

[Production]

■ 机をきれいにさせるとき
　Clean up your desks.

■ 提出物に名前を書かせたいとき
　Remember to write your name on your homework.

[Phrases in fashion]

■ 生徒の発言に同調するとき
　It's natural for you to think so.
　I understand you.
　I know what you mean.
　That's right!

■ コミュニケーションで生徒が発言につまったとき
　Take your time.
　Take it easy.
　Are you trying to say ～?
　Do you mean ～?

■ 授業を終わるとき
　Did you enjoy today's class?
　That's all for today.
　See you next time.

付録③：学習指導案（例）

外国語（英語）科 学習指導案

日　時　令和6年9月18日（水）
対　象　第2学年2組40名
学校名　金沢市立開拓高等学校
指導者　職・氏名　教諭・前田昌寛
会　場　3階22教室

1 科目名
   英語コミュニケーションⅡ（単位数4）
2 使用教科書
   Crossroads English Communication Ⅱ（大修館書店）
3 単元名
   Unit 5 Isn't Ballet for Girls?
4 単元の目標
   ・性別による偏見や不平等について理解し，考えを深めることができる。【知識・技能】
   ・どうすれば性別による偏見や不平等を解消できるか調べ，意見を交換することができる。【思考・判断・表現】
   ・性別による偏見や不平等の背景に対する理解を深め，聞き手，読み手，話し手，書き手の意見に配慮しながら，主体的，自律的に自己の意見を伝えようとすることができる。【主体的に学習に取り組む態度】
5 単元の評価規準

ア：知識・技能	イ：思考・判断・表現	ウ：主体的に学習に取り組む態度
・文章を読み取るために必要な語彙や，準否	・バレエを題材にしたミュージカルの話につ	・性別による偏見や不平等というトピックに

定語・仮定法表現・省略に関する文法事項を理解している。 ・その理解を基に，性別による偏見や不平等に関する文章の内容を読み取る技能を身に付けている。	いて，性別による偏見や不平等について理解したことを基に，多様な語句や文を用いて，情報や考え，判断したことなどを，まとまりに注意して表現している。	ついて，主体的に考え，自己の意見を表現したり，級友との意見交換で耳を傾けたりしたことを文章にまとめ，推敲し，まとめることができる。

6 指導観
(1) 単元観

　男性は強くあるべきという父親の考えの元，ボクシングに通う11歳のビリー少年が，数々の困難や反対を乗り切り，バレエダンサーを目指す物語である。バレエは女性がするものという性別による偏見や不平等について，ビリーが悩んだ状況を理解し，「男性らしさ，女性らしさとは何か」について考えを深める。

　この単元を通して，社会的な話題について，一定の支援を活用しながら，必要な情報を聞き取ったり，読み取ったりして，概要や要点，詳細を目的に応じて捉えることができるようにする。また，聞いたり読んだりしたことを基に，情報や考え，気持ちなどを論理性に注意して詳しく話して伝え合うことにつなげる。

(2) 生徒観

　積極的に英語をコミュニケーション図ろうとする生徒が多く，英語学習に主体的に取り組む姿勢がみられる。しかしながら，音声技能を中心として苦手意識をもつ生徒も一定数いる。生徒が協働して学び合えるよう意見交換をする時間を多くすることで，思考・判断・表現の能力を伸ばせるよう工夫している。本単元では，ビリー少年の生き方を知り，社会問題に目を向けさせ，自分の意見を表現するだけではなく，他者の意見にしっかりと傾聴できるよう指導したい。

7 年間指導計画における位置付け

月	単元名	学習内容・言語材料
4	Unit 1 A Practical Approach	学習内容：国際協力，中村哲医師について

			言語材料：分詞構文，不定詞や動名詞の意味上の主語
5		Unit2 Achieving Sustainability	学習内容：環境問題，衣服の消費や食品ロスについて
			言語材料：付帯状況や理由を表す with＋名詞＋状況を表す語句，助動詞＋have＋過去分詞，部分否定
		Unit3 Living with Animals	学習内容：動物との関わり，動物の権利や動物園の役割
			言語材料：関係副詞の非制限用法，無生物主語構文，倒置構文
6		Unit 4 The Power of Visual Expression	学習内容：芸術，ディック・ブルーナについて
			言語材料：独立分詞構文，疑問詞＋do you think 〜?，複合関係詞
		Unit 5【本単元】 Challenging Stereotypes	学習内容：ジェンダー，バレエダンサーを目指すビリーについて
			言語材料：準否定語，仮定法表現，省略を含む表現の形

（※ Unit 6 以降略）

8　単元の指導計画と評価計画

時	目標	○学習活動・学習内容	評価規準（評価方法）		
			ア	イ	ウ
1	社会的な話題について考え，関心をもつことができる。	○ビジュアル・イントロダクション ・男性がバレエを踊っている写真等を，教室の後ろを向いているペアの片方に対し，写真を見ているもう片方の生徒が英語で説明する。教室の後ろを向いている生徒は，英語の説明を聞いて絵を描く(ペアで役割交代する)。 ・描いた絵と実際の写真を見比べ	一斉に記録に残す指導は行わない。ただし目標に従い，生徒の活動状況をみて，指導に生かす。		

付録③：学習指導案（例）

		ながら，教師が「男性がバレエをすることをどう思いますか？」と質問し，自分の意見とその理由をグループで話し合う。 ○リスニング ・本文を読む前に，スキーマの活性化につながる内容の聞き取りをする。		
2 3 4 5	主人公ビリーの考え方や周りの人物の考え方を知ることができる。	○リーディング/スピーキング ・バレエを題材にしたビリーの話を読み，概要や要点，詳細を捉える。また，読解したことを基に，自分の意見を形成し，根拠となる本文の表現とともにメモに残していく。 ・本文の意味を確認する際に，本単元の新規文法について，意味を考えながら確認する。	一斉に記録に残す指導は行わない。ただし目標に従い，生徒の活動状況をみて，指導に生かす。	
6	内容を振り返りながら，文字を音声として正しく発音し，意味を考えながら音読できるようにする。	○音読指導/ランニング・ディクテーション/文法事項のまとめ ・コーラス・リーディングを行い，発音やイントネーションのポイントを確認したあと，生徒個人のタブレット端末でバズ・リーディングをする（全員イヤホン装着）。 ・ペアを作り，教室の4隅に貼られた本文の要約（6文程度）を，文単位で交互に見に行って，ペアの相手に英語で伝え，聞いた方は紙に英文を書く。 ・本文指導で扱った新規文法をおさらいする。	一斉に記録に残す指導は行わない。ただし目標に従い，生徒の活動状況をみて，指導に生かす。	

7 8 9	性別による偏見や不平等について理解したことを基に，資料を示しながら，性別役割の社会的変化について，多様な語句や文を用いて，情報や考え，気持ちなどを論理性に注意して詳しく話して伝えることができる。	○プロジェクト発表（スピーキング） ・次のトピックについて，グループを作り，性別という観点から意見を述べ合う（トピック：①職業，②服装，③子育て）。 ・トピックの中からグループとして一つ選び，「育児休業の取得率」など，性別の観点からデータを収集する。データから読み取れることを基に，性別役割の社会的変化について意見を出し合い，現状の課題について考える。 ・考えたことをまとめ，クラス全体に発表する。級友から質問や意見を受け，自身の考えを発展させる。	○	○	
10	性別による偏見や不平等について調べ，効果的な事例を取り入れながら，多様な語句や文を用いて，情報や考え，気持ちなどを論理性に注意して複数の段落から成る文章で詳しく書いて伝えることができる。	○ディクトグロス／ライティング ・本文の要約文（summary）を用いて，ディクトグロスを行う。 ・前時で発表した内容を基に，性別役割の社会的変化について意見を出し合い，現状の課題について，個人として文章にまとめる。 ・英文としてまとめる際，級友から質問や意見を受け，考えたことも含め，論理性に注意して複数の段落から成る文章で詳しく書く。	○	○	○

9　本時の指導と評価の計画（全10時間中の第9時）
(1) 本時のねらい
　　・どうすれば性別による偏見や不平等を解消できるか調べ，意見を交換することができる。【思考・判断・表現】
(2) 準備・資料等
　　・PC，スクリーン
(3) 本時の展開

時間	学習内容	生徒の学習活動	教師の指導・留意点	評価規準【観点】（評価方法）
5	挨拶と本時の趣旨説明	・教師から発表に関する情報を聞く。	・発表の持ち時間，質問や意見の時間を確認する。	
44	グループ発表	・グループ内で決めた役割分担により，調べたことなどを発表する。 ・聞き手は適宜メモを取り，意見や疑問点を，該当グループの発表後に伝える。 ・発表者たちは，聞き手から出た意見や疑問をメモして，最終のライティングに生かす（その場で質問に答えなくてよい）。	・5人×8グループを4グループずつ教室の前後の二手に分ける。 ・1グループ持ち時間は5分として，それぞれでグループ発表を行う。 ・教師がタイムキーパーする（発表5分，意見や質問5分，グループの入れ替え準備1分）。 ・聞き手から出た意見や疑問をしっかりメモするよう指導する。	どうすれば性別による偏見や不平等を解消できるか調べ，意見を交換することができる。【思考・判断・表現】（観察・録画）
1	次回授業の連絡	・教師の話を聞き，次回の授業予定について理解する。	・発表について，Good job, everybody! などねぎら	

		・いの言葉をかける。 ・次回授業で，本日の発表を基に，まとめのライティングをすることを伝える。	

付録④：入門期（小学校）における楽しい帯活動

　現在は，小学校3年生から「外国語活動」，そして5年生からは教科としての「英語」が行われている。「外国語活動」では，聞く・話す（やり取り・発表）の2技能3領域を主に学習する。活動を中心として，英語に慣れ親しむことを目的としている。教科としての「英語」では，4技能5領域を学習する。小学校4年生までの聞く・話す（やりとり・発表）という音声中心のコミュニケーションに加えて，読むこと・書くことの内容が加わる。

　未知の言語や文化に対する好奇心が旺盛な時期でもある小学生に対し，楽しみながら，英文や日本語訳に頼らず「イラストと英語の音」だけで楽しめるカルタを横浜国立大学名誉教授の大場昌也先生が開発している（http://dropinat.net/）。「大場のボキャビル500-1/2/3」に収録されている入門レベルの語彙を使用した600枚余りのカルタと，小学3～6年生向けのやさしいカルタ100枚を用いて，Webページで学習することができる。ここでは，同氏に許可を得たうえで，その中から更に24枚を2セット厳選し掲載する。営利を目的としない教室内での使用を前提として，同氏のWebページからカラー複写するなどして，カルタを作成するとよい。

　英語の音声と絵を結び付け，そこにカルタというゲーム要素もまじえた帯活動的として，是非とも教室で繰り返し使用されたい。

手順：
① 4名のグループを作成する
② 各グループでカルタを机上にならべる（絵の面を上にしたり，時には熟達度に応じてスペリング面を上にしたりもできる）。
③ カルタの英語を読み上げる。
④ 1枚ごとに，必要に応じて，正解の絵をスクリーン投影したり，スペリングを確認したりする。
⑤ 24枚が終了したら，獲ったカードの枚数を英語で仲間に言ってみる。

1セット目（24枚）

① Fire	⑨ Hungry	⑰ Take care.
② Rain	⑩ Ready?	⑱ Thank you!
③ Danger	⑪ Good news	⑲ Stop here.
④ Goal	⑫ Bad news	⑳ Turn left.
⑤ Great	⑬ Party	㉑ Hold on!
⑥ Beautiful	⑭ Traffic jam	㉒ Join us!
⑦ Expensive	⑮ Listen!	㉓ Park here.
⑧ Delicious	⑯ Go ahead.	㉔ Try again!

付録④：入門期（小学校）における楽しい帯活動

© 大場昌也 (2024)

Rain	Fire
Goal	Danger

付録④：入門期（小学校）における楽しい帯活動　　　　213

© 大場昌也（2024）

Beautiful	Great
Delicious	Expensive

付録④：入門期（小学校）における楽しい帯活動　　　215

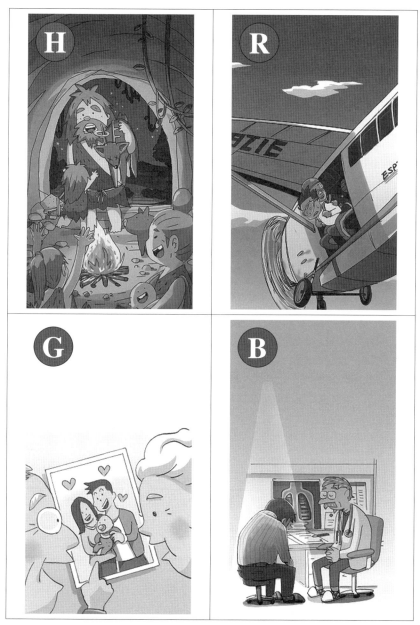

© 大場昌也（2024）

Ready?	Hungry
Bad news	Good news

Traffic jam	Party
Go ahead.	Listen!

付録④：入門期（小学校）における楽しい帯活動　　　　　219

© 大場昌也 (2024)

Thank you!	Take care.
Turn left.	Stop here.

付録④：入門期（小学校）における楽しい帯活動　　　　　　　221

© 大場昌也（2024）

Join us!	Hold on!
Try again!	Park here.

2セット目（24枚）

① Wait for a moment!	⑨ Hi, everyone!	⑰ You're welcome.
② Open the window!	⑩ Nice to meet you.	⑱ Money talks.
③ Come with me!	⑪ Don't cry.	⑲ Are you sure?
④ Hands up!	⑫ Don't touch!	⑳ I have a dream!
⑤ Have a nice day!	⑬ Let's sing!	㉑ Keep a dog.
⑥ Put it back.	⑭ No kidding!	㉒ Help me!
⑦ Sign up here.	⑮ The switch is on.	㉓ Feel better now.
⑧ Give me five!	⑯ I'm full.	㉔ Miss the train.

付録④：入門期（小学校）における楽しい帯活動

© 大場昌也（2024）

Open the window!	Wait for a moment!
Hands up!	Come with me!

付録④：入門期（小学校）における楽しい帯活動　　　　227

© 大場昌也（2024）

Put it back.	Have a nice day!
Give me five!	Sign up here.

付録④：入門期（小学校）における楽しい帯活動 229

© 大場昌也（2024）

Nice to meet you.	Hi, everyone!
Don't touch!	Don't cry.

付録④：入門期（小学校）における楽しい帯活動　　　　　　　　231

© 大場昌也（2024）

No kidding!	Let's sing!
I'm full.	The switch is on.

付録④：入門期（小学校）における楽しい帯活動　　　　233

© 大場昌也（2024）

Money talks.	You're welcome.
I have a dream!	Are you sure?

付録④:入門期(小学校)における楽しい帯活動

© 大場昌也(2024)

Help me!	Keep a dog.
Miss the train.	Feel better now.

付録⑤:英語教師の褒め言葉集

[一般的な褒め言葉]

Great job!(よくやったね!)

Well done!(お見事!)

You're doing amazing!(素晴らしいよ!)

I'm impressed!(感心しました!)

Keep up the good work!(その調子で頑張って!)

You're making excellent progress.(素晴らしい進歩を遂げていますね。)

You're improving day by day. Keep it up!
(日々上達しています。この調子です!)

[単語や表現を褒める場合]

That's a great choice of words!(言葉の選び方がいいね!)

Your vocabulary is expanding!(語彙が増えてきてるね!)

I like how you used that phrase!(そのフレーズの使い方がいいね!)

That was a very creative sentence!(とても創造的な文だね!)

I love the way you think.(あなたの考え方が好きだよ。)

[努力や進歩を褒める場合]

You're not afraid to make mistakes, and that's how you learn!
(間違いを恐れない姿勢が素晴らしいです。それが学ぶ方法です!)

Your enthusiasm for learning is inspiring!
(学ぶことへの熱意がとても素晴らしいです!)

I can see how much effort you're putting in!
(たくさん努力しているのがわかるよ!)

You've improved so much!(本当に上達したね!)

You're learning so fast!（すごく早く学んでるね！）

You worked really hard on this. I'm proud of you.
（これに一生懸命取り組んだね。誇りに思うよ。）

[態度や積極性を褒める場合]

You're so eager to learn!（とても学ぶ意欲があるね！）

I love your positive attitude!（そのポジティブな姿勢が素晴らしいよ！）

You're not afraid to try new things!
（新しいことに挑戦するのを恐れないのがいいね！）

You ask great questions!（いい質問をしてくれるね！）

[リスニング・リーディングに関する褒め言葉]

You understand the main ideas of the text very well.
（文章の主旨をとてもよく理解していますね。）

You're catching details much more easily now!
（細かい部分までよく聞き/読み取れるようになりましたね！）

Your comprehension skills are improving steadily!
（理解力が着実に向上しています！）

[スピーキングに関する褒め言葉]

Your pronunciation is excellent!（発音が素晴らしいね！）

You're speaking so fluently!（とても流暢に話せているね！）

I love how confident you sound!（自信をもって話しているところがいいね！）

Your accent is improving a lot!（アクセントがとても上達してるね！）

You're using new vocabulary naturally in your sentences!
（新しい単語を自然に文の中で使えていますね！）

[ライティングに関する褒め言葉]

You're using grammar rules correctly.（文法を正しく使えていますね。）

Your sentences are well-structured!（文の構成がしっかりしてるね！）

You're using more complex sentences now!
（より複雑な文が使えるようになったね！）

I can see that you've put a lot of thought into your writing.
（あなたが文章にしっかりと考えを込めたことが伝わります。）

さいごに

　英語教育に生成 AI の活用は待ったなしであると本書の中でも述べた。実際に，ChatGPT に次のようなプロンプトを出して回答を求めてみた。

　　高校生に対する英語の授業で，「海洋汚染」のトピックを題材としたユニットに入る際の，インパクトのある効果的なオーラル・イントロダクションを考えてください。

そして実際に得られた回答は次のようなものだった。

　　>> 高校生向けの「海洋汚染」をテーマにした英語授業のオーラル・イントロダクションは，興味を引き，テーマの重要性を感じてもらうことが大切です。以下のようなシナリオを考えてみました。
　　［イントロダクション：話しかけるトーンで］
　　Imagine this: It's a beautiful sunny day, and you're standing on a pristine beach. The waves crash gently on the shore, and seagulls fly overhead. But as you take a step closer to the water, you notice something strange. Instead of seashells and smooth pebbles, you see plastic bottles, bags, and even old fishing nets washed up on the sand. The ocean isn't as blue as it seemed from a distance—it's clouded with pollution.
　　Now, think about this: every minute, the equivalent of one garbage truck full of plastic ends up in our oceans. If we don't change something, by 2050, there could be more plastic in the ocean than fish. How does that make you feel?
　　［ここで少し間を置いて，生徒の反応を見ます。その後，以下のように続けます。］

> In today's lesson, we're going to dive into this issue: marine pollution. We'll learn what's causing it, why it matters, and most importantly, what we can do to make a difference. Together, we'll explore how our daily choices impact the oceans, even if we live far from the sea. Are you ready to uncover the truth about marine pollution and become part of the solution?

そしてこれと全く同じく,「高校生に対する英語の授業で,『海洋汚染』のトピックを題材としたユニットに入る際の, インパクトのある効果的なオーラル・イントロダクションを考えてください」と, 筆者が担当する英語科教育法の受講学生（主に大学2年生）にも考えてもらった。ある学生が教壇に立ち,

> Have you ever eaten plastic before?

と全体に質問を投げかけ, 持っていたペットボトルのラベルをはがし, 丸めて口の中に入れた。筆者が呆気に取られていると, 次にその学生は一枚の写真をスクリーンに提示した。それはプラスチックのストローを誤って飲み込んでいるウミガメの写真であった。そして,

> You may be surprised at me, but you may be eating plastic this way every day, or even every meal.

と言ったときに, 生徒役の別の学生が "Food chain!" とつぶやいた。

> That's right. Fish accidentally eat plastic. Then, humans catch and eat the fish. That is exactly how humans eat plastic. Let's read a passage about marine pollution, like the issue of plastic!

筆者はこの学生に対し, 本当によいイントロダクションだったことを褒め, そして誇らしく感じた。その学生に「このアイディアを使ってもよいか」を尋ね, こうして皆さんに紹介しているものである。

この学生が将来, 教壇に立っている姿を想像し, その授業を受けてみたい

と思った。AI の活用と人間は対立するものではなく補完し合うものだと筆者は考えているが，英語好きを増やし「もっと受けてみたくなる授業」にできるのは，まだまだ人間の仕事のようである。

　さいごになりましたが，本書が我が国の英語教育に少しでも貢献することがあるとすれば，望外の喜びとするところです。

参考文献

（日本語文献）

東照二 (2009).『社会言語学入門改訂版』. 研究社.

有田佳代子 (2009).「パーマーのオーラル・メソッド受容についての一考察 ──『実用』の語学教育をめぐって ── 」.『一橋大学留学生センター紀要』第 12 巻 27-39 頁.

石川一郎 (2023).『捨てられる教師 AI に駆逐される教師、生き残る教師』. SB クリエイティブ.

和泉伸一 (2009).『「フォーカス・オン・フォーム」を取り入れた新しい英語教育』. 大修館書店.

磯部武雄 (1981).「J・S・ブルーナーの教授理論に関する一考察 ── 教育方法の問題提起を中心として ── 」. 国士舘大学『人文学会紀要』第 13 号 108-126 頁.

伊村元道 (2003).『日本の英語教育 200 年』. 大修館書店.

岩本祐樹 (2020).「ルーブリックの事前提示がライティングパフォーマンスに与える影響」.『STEP Bulletin』第 32 巻 85-107 頁.

卯城祐司 (2009).『英語リーディングの科学 ──「読めたつもり」の謎を解く』. 研究社.

卯城祐司 (2011).『英語で英語を読む授業』. 研究社.

大場昌也 (2024). 小学生用英語カルタ 100. http://dropinat.net/

門田修平 (2007).『シャドーイングと音読の科学』. コスモピア.

門田修平 (2010).「SLA 研究とはどんな学問か」.『SLA 研究入門：第二言語の処理・習得研究のすすめ方』. くろしお出版.

川﨑惠里子 (2014).『文章理解の認知心理学 ことば・からだ・脳』. 誠信書房.

小泉仁 (2000).「学習指導要領における英語教育観の変遷」.『現職教員の教育研修の実態と将来像に関する総合研究』平成 12 年度科学研究費補助金基盤研究報告書.

小串雅則 (2011).『英語検定教科書 制度、教材、そして活用』. 三省堂.

齋藤玲・鈴木渉 (2022).「第二言語ライティングにおける書記訂正フィードバックとその振り返り，書き直しに関する態度と行動：認知モデルの提案と予備的調査の報告」.『東北英語教育学会紀要』42 巻 49-64 頁.

塩澤利雄・伊部哲・園城寺信一・小泉仁 (2004).『新訂版 新英語教育の展開』. 英潮社.

正頭英和 (2024). 第 53 回中部地区英語教育学会富山大会シンポジウム口頭発表 (2024 年 6 月 22 日). 富山大学.

白井恭弘 (2004).『外国語学習に成功する人、しない人――第二言語習得論への招待』. 岩波書店.
白畑知彦 (2015).『英語指導における効果的な誤り訂正 第二言語習得研究の見地から』. 大修館書店.
竹内理・水本篤 (編著) (2014).『外国語教育研究ハンドブック (改訂版)』. 松柏社.
竹蓋幸生 (1984).『ヒアリングの行動科学』. 研究社出版.
田尻悟郎 (2008). 田尻悟郎の Website Workshop「お悩み相談室」. https://sc.benesse-gtec.com/tajiri/consult/answer02_57.htm
田中博之 (2020).『「主体的・対話的で深い学び」学習評価の手引き (学ぶ意欲がぐんぐん伸びる評価の仕掛け)』. 教育開発研究所.
Duolingo (2023).「日本国内における語学学習に関する調査」. Duolingo Language Report 2023.
鳥飼玖美子 (2017).『話すための英語力』. 現代新書.
中島義明・安藤清志・子安増生・坂野雄二・繁桝算男・立花政夫・箱田裕司 (編) (1999).『心理学辞典』. 有斐閣.
新里眞男 (1999).「新学習指導要領のねらい」.『英語教育』6月号. 大修館書店.
西巌弘 (2010).『即興で話す英語力を鍛える！ ワードカウンターを活用した驚異のスピーキング活動22 (目指せ！ 英語授業の達人)』. 明治図書.
西岡加名恵・石井英真・田中耕治 (2015).『新しい教育評価入門 人を育てる評価のために』. 有斐閣コンパクト.
西山教行 (2010).「多言語主義から複言語主義へ：ヨーロッパの言語教育思想の展開と深化」.『同志社時報』第 129 巻 44-51 頁.
根岸雅史 (2013).「さよなら、『総合問題』」.『TEACHING ENGLISH NOW』. 第 24 巻 14-15 頁.
林伸昭 (2017).「日本人英語学習者に適した英語教授法・指導法――PCPP, AL, 教材――」.『宮崎公立大学人文学部紀要』. 第 24 巻 155-172 頁.
伏木久始 (2024).「『個別最適な学び』と『協働的な学び』の一体化充実を志向する授業」. 第 53 回中部地区英語教育学会富山大会シンポジウム発表資料 (2024 年 6 月 22 日). 富山大学.
ベネッセ教育総合研究所. (2021).「高 3 生の英語学習に関する調査＜2015-2021 継続調査＞」.
ベネッセコーポレーション (2019).「5 教科横断型授業で、1 テーマを多角的に捉えさせ、授業と社会のつながりを考えさせる」.『VIEW21』6 月号 28-33 頁. https://benesse.jp/berd/up_images/magazine/VIEW21_kou_2019_06_al1.pdf
本名信行 (1990).『アジアの英語』. くろしお出版.
前田昌寛 (2008).「ディクトグロスを用いたリスニング能力を伸ばす指導――技能間の統合を視野に入れて――」.『STEP Bulletin』第 20 巻 149-165 頁.
前田昌寛 (2011).「到達目標・指導・評価の一体化の在り方の研究――PCPP 法によ

る英語で行う授業への英検 Can-do リストの活用——」.『STEP Bulletin』第 23 巻 186-200 頁.

前田昌寛 (2012).『高校英語「授業は英語で」はどこまで？——生徒のコミュニケーション能力を伸ばすために——』. 北國新聞社出版局.

前田昌寛 (2016).「小中高学びの接続——いま，どのような言語活動が授業に必要か～高校編～」. 第 46 回中部地区英語教育学会シンポジウム（2016 年 6 月 25 日）. 鈴鹿医療科学大学. https://www.celes.info/mie2016/MaedaSlides.pdf

前田昌寛 (2021).『「ディクトグロス」を取り入れた英語力を伸ばす学習法・指導法』. 開拓社.

前田昌寛・岡野定孝裕 (2010).「ストラクチャー・クラスと文法指導」. 第 40 回中部地区英語教育学会 学会設立 40 年記念石川大会自由研究発表（2010 年 6 月 27 日）. 石川県立大学.

町田健 (2008).『言語世界地図』. 新潮社.

村野井仁 (2006).『第二言語習得研究から見た効果的な英語学習法・指導法』. 大修館書店.

村野井仁 (2016).「日本人英語学習者の文法力測定のための診断テスト開発」.『東北学院大学論集』第 100 号 1-44 頁.

邑本俊亮 (2000).「第二言語の文章理解過程に及ぼす習熟度の影響：文再認課題による実験」.『読書科学』第 44 巻 43-50 頁.

望月昭彦・久保田章・磐崎貞弘・卯城祐司 (2018).『新学習指導要領にもとづく英語科教育法』. 大修館書店.

森敏昭・中條和光 (2005).『認知心理学キーワード』. 有斐閣.

文部科学省 (2009).『高等学校学習指導要領解説 外国語編 英語編』. 開隆堂出版.

文部科学省 (2013).『各中・高等学校の外国語教育における「CAN-DO リスト」の形での学習到達目標設定のための手引き』.

文部科学省 (2014)「小学校外国語活動実施状況調査」.

文部科学省 (2014)「英語教育改善のための英語力調査事業報告」.

文部科学省 (2017).『中学校学習指導要領解説 総則編』.

文部科学省 (2018a).「総合的な英語力の育成・評価が求められる背景について」. 大学入試のあり方に関する検討会議（第 21 回）資料.

文部科学省 (2018b).「各資格・検定試験と CEFR との対照表」.

文部科学省 (2018c).『高等学校学習指導要領解説 外国語編 英語編』.

文部科学省 (2019).「小学校，中学校，高等学校及び特別支援学校等における児童生徒の学習評価及び指導要録の改善等について（通知）」.

文部科学省 (2019).「平成 31 年度（令和元年度）全国学力・学習状況調査」.

文部科学省 (2022).「英語教育実施状況調査」.

文部科学省 (2022).「英語教育・日本人の対外発信力の改善に向けて」.

文部科学省 (2023).「全国学力調査」.

文部科学省 (2024).「参考資料集」. https://www.mext.go.jp/content/20240704-mxt_kotokoku02-000036923-07.pdf
山岡俊比古 (1989).「第2言語学習から見た Communicative Competence ―構成部門と初期段階の目標」.『中国地区英語教育学会紀要』第 19 巻 93-98 頁.
山口誠 (2001).『英語講座の誕生―メディアと教養が出会う近代日本』. 講談社.
米山朝二 (2002).『改訂増補版 英語教育:実践から理論へ』. 松柏社.
和田稔 (1997).『日本における英語教育の研究:学習指導要領の理論と実践』. 桐原書店.

(英語文献)

Allbritton, D. (2004). Strategic production of predictive inferences during comprehension. *Discourse Processes*, *38*(3), 309-322. https://doi.org/10.1207/s15326950dp3803_2.

Alptekin, C., & Erçetin, G. (2010). The role of L1 and L2 working memory in literal and inferential comprehension in L2 reading. *Journal of Research in Reading*, *33*, 206-219.

Ausubel, D. P. (1960). The use of advance organizers in the learning and retention of meaningful verbal material. *Journal of Educational Psychology*, *51*(5), 267-272.

Bruna, J. (1973). *The relevance of education*. W. W. Norton.

Canale, M. (1983). From communicative competence to communicative language pedagogy. In J. C. Richards, & R. W. Schmidt (Eds.), *Language and Communication* (pp. 2-27). Longman.

Canale, M., & Swain, M. (1980). Theoretical bases of communicative approaches to second language teaching and testing. *Applied Linguistics*, *1*(1), 1-47.

Carroll, J. B. (1981). Twenty-five years of research on foreign language aptitude. In K. C. Diller (Ed.), *Individual differences and universals in language learning aptitude* (pp. 83-111). Newbury House.

Carroll, J. B., & Sapon, S. M. (1959). *Modern Language Aptitude Test (MLAT)*. Psychology Corporation.

Chan, K. L. (2016). Power language index: Which are the world's most influential languages? http://www.kailchan.ca/wp-content/uploads/2016/12/Kai-Chan_Power-Language-Index-full-report_2016_v2.pdf

Chang, A.C.-S., & Read, J. (2006). The effects of listening support on the listening performance of EFL learners. *TESOL Quarterly*, *40*, 375-397.

Council of Europe (2001). *Common European framework of reference for languages: Learning, teaching, assessment*. Cambridge University Press.

Cummins, J. (1984). *Bilingualism and special education issues in assessment and *pedagogy*. Clevedon Multilingual Matters.

Cunningsworth, A. (1995). *Choosing your coursebook*. Heineman.

Danielson, C., & Abrutyn, L. (1997). *An introduction to using portfolios in the classroom*. *Alexandria*. ASCD.

Ebbinghaus, H. (1885). *Uber das Gedachtnis: Untersuchungen zur experimentellen Psychlogie*. Leipzig: Duncker & Humblot. (*Memory: a contribution to experimental psychology*. Translated by Ruger, H. A. and Bussenius, C. E. (1964) Dover Publications.

Fotos, S. (1993). Consciousness raising and noticing through focus on form: grammar task performance versus formal instruction. *Applied Linguistics, 14*(4), 385-407.

Gardner, R. C., & Lambert, W. E. (1972). *Attitudes and motivation in second language learning*. Newbury House.

Gass, S. M., & Selinker, L. (2008). *Second language acquisition: An introductory course* (3rd ed.). Routledge.

Grabe, W., & Stroller, L. F. (2002). *Teaching and researching reading*. Pearson Education Longman.

Graesser, A. C., Singer, M., & Trabasso, T. (1994). Constructing inferences during narrative text comprehension. *Psychological Review, 101*, 371-395.

Hinkel, E. (1994). Appropriateness of advice as L2 solidarity strategy. *RELC Journal, 25*(2), 71-93.

Horiba, Y. (1996). Comprehension processes in L2 reading: Language competence, textual coherence, and inferences. *Studies in Second Language Acquisition, 18*, 433-473.

Hutchinson, T., & Torres, E. (1994). The textbook as agent of change. *ELT Journal, 48*, 315-328.

Hymes, D. (1974). *Foundation in sociolinguistics: An ethnographic approach*. University of Pennsylvania Press.

Jacobs, G. M., & Small, J. (2003). Combining dictogloss and cooperative learning to promote language learning. *The Reading Matrix, 3*, 1-14.

Jenkins, H. (2003). *Transmedia storytelling: Moving characters from books to films to video games can make them stronger and more compelling*. MIT Technology Review.

Johnson, D., Johnson, R., & Holubec, E. (1994). *The new circles of learning: Cooperation in the classroom and school*. ASCD.

Kachru, B. (Ed.). (1982). *The other tongue*. Illinois University Press.

Kachru, B., Kachru, Y, & Nelson, C. L. (Eds.). (2009). *The handbook of world Englishes*. Blackwell.

Kachru, B. (1997). World Englishes: Approaches, issues and resources. *Language Teaching, 25*(1), 1-14.

Kagan, S. (1994). *Cooperative learning.* Kagan Publishing.

Kintsch, W. (2004). The construction-integration model of text comprehension and its implications for instruction. In R. B. Ruddell & N. J. Unrau (Eds.), *Theoretical models and processes of reading.* (5th ed., pp.1270-1328). International Reading Association.

Krashen, S. (1981). *Second language acquisition and language learning.* Pergamon Press.

Krashen, S. (1982). *Principals and practice in second language acquisition.* Pergamon Press.

Lalande, J. (1982). Reducing composition errors: An experiment. *Modern Language Journal, 66*(2), 140-149.

Larsen-Freeman, D. (1991). Teaching grammar. In M. Celce-Murcia (Ed.) *Teaching English as a second or foreign language* (pp.279-296). Heinle & Heinle.

Larsen-Freeman, D. (2003). *Teaching grammar: From grammar to grammaring.* Thomson-Heinle.

Lightbown, P. M., & Spada, N. (2013). *How languages are learned* (Oxford Handbooks for Language Teachers) (4th ed). Oxford University Press.

Lim, J. H., & Christianson, K. (2015). Second language sensitivity to agreement errors: Evidence from eye movements during comprehension and translation. *Applied Psycholinguistics, 36*(6), 1283-1315.

Linderholm, T. (2002). Predictive inference generation as a function of working memory capacity and causal text constraints. *Discourse Processes, 34*(3), 259-280.

Long, M. (1985). A role for instruction in second language acquisition: Task-based language teaching. In K. Hyltenstam & M. Pienemann (Eds.) *Modelling and assessing second language acquisition.* Multilingual Matters.

Long, M. (1991). Focus on form: A design feature in language teaching methodology. In De Bot, K. and Huebner, T. (Eds.), *Foreign language research in cross-cultural perspective* (pp.39-52). Amsterdam, John Benjamins.

Long, M. (1996). The role of the linguistic environment in second language acquisition. In W. Ritchie & T. Bhatia (Eds.), *Handbook of second language acquisition.*

Long, M., & Robinson, P. (1998). Focus on form theory, research, and practice. In Doughty, C. & Williams, J (Eds.), *Focus on form in classroom second language acquisition,* (pp.15-41). Cambridge University Press.

Maeda, M. (2017). How teachers' questions affect learners' construction of situation models. *CELES Journal, 46*, 47-54.

Maeda, M. (2023). Text and instruction necessary for the facilitation of EFL reader's predictive inference generation. *SALTeL Journal, 6*(2), 17-26. https://doi.org/10.35307/saltel.v6i2.102

Melchers, G., & Shaw, P. (2003). *World Englishes: An introduction*. Arnold.

Nation, I.S.P. (2001). *Learning vocabulary in another language*. Cambridge Applied Linguistics.

Palmer, H. E. (1922). *The oral method of teaching languages*. W. Heffer and Sons.

Palmer, H. E. (1924). *A grammar of spoken English*. W. Heffer & Sons Ltd.

Palmer, H. E. (1925). *English through actions*. The Institute for research in English teaching.

Quirk, R., Greenbaum, S., Leech, G., & Svartvik, J. (1985). *A comprehensive grammar of the English language* (2nd ed.). Pearson Longman.

Ryan, R. M., & Deci, E. L. (2017). Self-determination theory. F. Maggino (Ed.), *Basic psychological needs in motivation, development, and wellness* (pp. 1-7). Guilford Publishing.

Sapir, E. (1921). *Language: An introduction to the study of speech*. Harcourt, Brace and Company.

Savignon, S. J. (1972). *Communicative competence: An experiment in foreign-language teaching*. Center for Curriculum Development.

Schmidt, R. (1990). The role of consciousness in second language learning. *Applied Linguistics, 11*, 17-46.

Schotter E. R., Angele B., & Rayner, K. (2012). Parafoveal processing in reading. *Attention, Perception, & Psychophysics, 74*, 5-35.

Selinker, L. (1972). Interlanguage. *IRAL-International Review of Applied Linguistics in Language Teaching, 10*(1-4), 209-232.

Shimizu, H. (2015). Generation of local and global bridging inferences in L2 reading comprehension. *JACET Journal, 59*, 75-92.

Smolen, L., Newman, C., Walthen, T, & Lee, D. (1995). Developing student self-assessment strategies. *TESOL Journal, 5*, 22-26.

Swain, M. (1985). Communicative competence: Some roles of comprehensible input and comprehensible output in its development. In S. Gass, & C. Madden (Eds.), *Input in second language acquisition* (pp. 235-253). Newbury House.

Taylor, W. L. (1953). "Cloze procedure": A new tool for measuring readability. *Journalism Quarterly, 30*, 415-433.

van den Broek, P., & Gustafson, M. (1999). Comprehension and memory for texts: Three generations of reading research. In S. R. Goldman, A. C. Graesser, & P. van den Broek (Eds.), *Narrative comprehension, causality, and coherence: Es-*

says in honor of Tom Trabasso (pp. 15-34). Lawrence Erlbaum Associates Publishers.

van Dijk, T. A., & Kintsch, W. (1983). *Strategies of discourse comprehension*. Academic Press.

Yoshida, K. (2002). Fish bowl, open seas and the teaching of English in Japan. In Baker (Ed.), *Language policy: Lessons from global models*. Monterey Institute.

索　引

1. 英語で始まるものも日本語読みで五十音順に並べている。
2. 数字はページ数を示す。

[あ行]

あいまいさに耐える態度　68
アウトプット仮説　49-51
足場掛け　68, 78
当て推量　56, 126
アプローチ　38, 43, 180
アメリカ標準英語　5
意味交渉　51, 107, 134-135
一貫性　99, 136, 142, 148
イマージョン・プログラム　50
インタラクション仮説　51, 134-135
インタラクティブ処理　115-117
インフォメーション・ギャップ　45, 103-105, 110
インフォメーション・トランスファー　127
インプット仮説　48-51
後ろ向き推論　124
英語化　15
英語教育協議会（ELEC）　43, 91
英語帝国主義　6
英語同心円モデル　2-4, 6
英語を媒介とする教授法（EMI）　39
エクセサイズ　58
エスペラント語　6-7
エビングハウスの忘却曲線　70
欧州評議会　7-8
オーラル・アプローチ　43-44
オーラル・インタープリテーション　126
オーラル・イントロダクション　133-134, 192
オーラル・メソッド　25, 39, 42-44
音韻ストア　129
音韻ループ　58
音素　63
音読　121-122, 128-131

[か行]

外国語学習障害　63
外国語学習適性　61, 63-64
外国語指導助手（ALT）　80, 143
外国語としての英語（EFL）　2-3
下位レベル処理　71, 101
学習言語能力（CALP）　100-101
学習指導案　85-90, 100-101
学習指導要領　17-18, 202-208
学習者中心　10, 36, 39, 41, 140
化石化　66-67
仮説検証　50, 134
空読み　57
気付き　47, 50, 54-55, 138-140, 150, 180
機能語　30
既有知識　42-43
キーフレーズ読み　56
Can-Do 能力記述文　10
Can-Do リスト　9
教科用図書　166-167

251

教師中心　39, 41, 46, 80
教室英語　5
協働学習　33, 67, 186
局所的誤り　139
金魚鉢モデル　182-183
結束性　97, 99-100, 136
言語影響力指数　6
言語獲得装置　47
言語間の距離　11-12
言語材料　26
構音リハーサル　129
公用語　2, 14
国際語としての英語（EIN）　3-4
コミュニカティブ・ランゲージ・ティーチング　44-45
コミュニケーション能力　96-98, 101-102
異なり語数（type）　176
コーラス・リーディング　122, 129, 172

[さ行]

最近接発達領域（ZPD）　48, 68
再生　59
再話　196
錯乱肢　100, 162, 164
ザルからトレーモデル　192
産出　52-53, 59, 135
事実に関する質問　94-95
ジグソー　108-110
思考発話法　128
思考・判断・表現　33, 81, 88-89
自己決定理論　62
自己関連発問　124, 134
自己内省　11, 144
自信　49, 65-66
指導と評価の一体化　89, 158
シナリオ　45, 108, 110

社会言語学能力　97-98, 102, 106, 147
シャドーイング　58, 129, 194
修正的リキャスト　138-139, 150
熟達度　155
主体的に学習に取り組む態度　88-89
初頭性効果　127
親近性効果　127
心的表象　57, 101
信頼性　156-157
情意フィルター仮説　49, 65-66
上位レベル処理　11
状況モデル　57
状況モデル構築　57, 120, 123-125
状況モデル更新　121
受容語彙　178
受容的態度　76-78, 114
推論生成　56, 71, 101, 119-121
スキミング読み　56
スキーマ　42, 114
スキャンニング読み　56
スターウォーズ読み　130
ストラテジー　67, 69, 122
スラッシュ・リーディング　56
正確さ　71-72, 98, 141, 150
生活言語能力（BICS）　100-101
政治的妥当性　13
精緻化推論　124
セマンティック・マッピング　141-142
先行オーガナイザー　43
先行知識　169
宣言的知識　178
全身反応法　42
全体的誤り　139
選択的リスニング　116-117
相互依存関係　186
促進者　81
測定　154

[た行]

大海モデル　182-183
第二言語習得（SLA）　46-49
第二言語としての英語（ESL）　2
多言語主義　7
多肢選択式　123, 162
タスク　27, 58, 99, 140, 157
妥当性　155-156
短期記憶　57, 70-71
談話能力　97-99, 106-107
知識・技能　89
中間言語　55, 66, 79
長期記憶　57, 70, 194
直接教授法　24, 41
ティーム・ティーチング　80, 143
ティーチャー・トーク　4, 66
テキストタイプ　110
テクニーク（technique）　38-39
手続き的知識　178, 180
ディクトグロス　58, 118, 195-197
土着化　15
動機　13, 49, 60-62, 65, 102
統合　51, 52-55, 57, 59
統合的動機付け　61-62
道具的動機付け　61-62
同時相互作用　186
トップダウン処理　115-116
トレードオフ　71-72

[な行]

内声　129
内在化　47, 52-53, 55, 57, 59, 140
なりきり音読　130-131
ニーズ分析　83
ノン・インターフェイス　48

[は行]

波及効果　155
橋渡し推論　124
発表語彙　178
バズ・リーディング　129
反転学習　185
PCPP メソッド　52-59, 140
ビジュアル・イントロダクション　191-192
評価　154-155, 157-158
表層的レベル　120, 123, 125
不安　49, 65-66
フォーカス・オン・フォーム　180, 192, 196
フォーカス・オン・フォームズ　180
フォリナー・トーク　4-5
複言語主義　7
普遍文法　47
フリー・リコール　127
文法能力　97-98
文法訳読法（GTM）　39-41, 43
プールモデル　183
包括的リスニング　116-117
方略的能力　97, 106-107, 147
母語　2
母語干渉　39-40, 133
母語としての英語（ENL）　2
ボトムアップ処理　115-117
ポートフォリオ　141, 157-158, 195
ポライトネス　13, 16, 68

[ま行]

マイクロアグレッション　13
前向き推論　124
マンブリング　194
見出し語（lemma）　176

命題的テキストベース　120, 123, 125
メソッド　38, 43
メタ認知能力　11, 69
黙読　56, 127, 129
目標言語　12, 15, 61
モニターモデル　48

[や行]

容認発音　5
予期的推論　56, 124
ヨーロッパ言語共通参照枠（CEFR）　8-9

[ら行]

ランニング・ディクテーション　193-194
理解可能なインプット　48-49, 51, 66, 116
リキャスト　53, 138-139, 150
リハーサル　65, 83-84, 137-138
リード・アンド・ルック・アップ　130
流暢さ　48-49, 57, 72, 140-141, 150
臨界期仮説　11
リンガ・フランカ　15
ルーブリック　143-144, 151-152
ロイロノート　91, 170-171
ロール・プレイ　45, 106-107, 110

[わ行]

ワーキング・メモリ　13, 71
ワード・ファミリー　176

著者紹介

前田　昌寛（まえだ　まさひろ）

　1975年 石川県金沢市生まれ。青山学院大学文学部英米文学科卒業。筑波大学大学院修了。修士（教育学）。石川県公立高等学校教諭として3校20年間にわたる勤務を経て、現在は金沢星稜大学人文学部専任教員。金沢大学国際基幹教育院非常勤講師。現在勤務をしながら、筑波大学大学院人文社会ビジネス科学学術院人文社会科学研究群博士後期課程に在学中。2008年に文部科学省・独立行政法人教員研修センターより派遣され英国・バーミンガム大学にて、2014年に公益財団法人日本英語検定協会より派遣され英国・ケンブリッジ大学にて留学。

　受賞歴に、第20回英検研究助成（奨励研究）入選、第58回中村英語教育賞第3位入賞、第23回英検研究助成（委託部門）入選、語学教育研究所「外国語教育研究奨励賞」、第64回読売教育賞優秀賞（外国語教育部門）、筑波大学学長表彰、筑波大学教育研究科長賞、全国国際教育研究協議会功労者表彰などがある。

　著書に、文部科学省検定済教科書『Genius English Communication Teacher's Book』（単著、大修館書店）、『高校英語「授業は英語で」はどこまで？―生徒のコミュニケーション能力を伸ばすために―』（単著、北國新聞社出版局）、『授業力アップのための 英語教師 自己啓発マニュアル』（共著、開拓社）、文部科学省検定済教科書『Crossroads English Communication I・II・III』（共著、大修館書店）、『Crossroads English Communication II・III 実践資料集』（単著、大修館書店）、『「ディクトグロス」を取り入れた英語力を伸ばす学習法・指導法』（単著、開拓社）などがある。

　2012年「第62回全国英語教育研究大会（全英連石川大会）」では高等学校授業実演を務め、参観者約1200名の前で授業を行った。日本英語検定協会やベネッセコーポレーション、ELEC英語教育協議会などのセミナー講師を全国で多数務める。全国・中部地区英語教育学会、日本言語テスト学会会員。

令和の日本型学校教育対応
ディスカッションで学ぶ 英語科教育法

著作者	前田昌寛
発行者	武村哲司
印刷所	日之出印刷株式会社

2025 年 3 月 21 日　第 1 版第 1 刷発行Ⓒ

発行所	株式会社　開拓社	〒112-0003　東京都文京区春日 2-13-1 電話　(03) 6801-5651　(代表) 振替　00160-8-39587 https://www.kaitakusha.co.jp

ISBN978-4-7589-2414-6　C3082

JCOPY ＜出版者著作権管理機構 委託出版物＞
本書の無断複製は、著作権法上での例外を除き禁じられています。複製される場合は、そのつど事前に、出版者著作権管理機構（電話 03-5244-5088, FAX 03-5244-5089, e-mail: info@jcopy.or.jp）の許諾を得てください。